W0228768

Was ist schiefgegangen in der arabischen Welt? Hoffnungsfroh blickte man im Jahr 2011 auf den »Arabischen Frühling«, drei Jahre später mit Schrecken auf ein beängstigendes Krisengebiet, für das keine Lösung in Sicht scheint. Jahrzehntelang hatten Despoten in Arabien zumindest für eine scheinbare Stabilität gesorgt, dann kam der Wunsch der Menschen nach Freiheit; sie wollten die Regierungen, die sich stets nur um die Eliten gekümmert hatten, nicht mehr, die Staaten zerfielen. Heute gibt es weder Stabilität noch Freiheit, und als einziges identitätsstiftendes Bindeglied bleibt der Islam.

Rainer Hermann beschreibt als ausgewiesener Kenner der arabischen Welt, wie der »Islamische Staat«, dessen Entstehung bis ins Jahr 1999 zurückreicht, durch Staatsversagen und Staatszerfall zu so viel Macht und Zulauf kommen konnte. Und er geht über eine rein politisch-historische Analyse hinaus: Er wagt eine gut begründete Prognose für die weitere Zukunft, erläutert die Rolle des Westens und zieht eine erschreckende Parallele – zum Dreißigjährigen Krieg.

Rainer Hermann, geboren 1956, Dr. phil., Islamwissenschaftler und Diplom-Volkswirt, ist Mitglied der Redaktion der ›Frankfurter Allgemeinen Zeitung‹ und berichtet seit 1996 aus der Türkei und der arabischen Welt. Von 1991 bis 2008 lebte er als Korrespondent mit seiner Familie in Istanbul, 2008 übersiedelte er nach Abu Dhabi. 2012 kehrte er nach Deutschland zurück und ist in der politischen Redaktion der ›FAZ‹ vor allem für den Nahen Osten und die islamische Welt zuständig. Bei dtv sind von ihm erschienen: ›Wohin geht die türkische Gesellschaft?‹ (2008), ›Die Golfstaaten‹ (2011).

Rainer Hermann

ENDSTATION ISLAMISCHER STAAT?

Staatsversagen und
Religionskrieg in der
arabischen Welt

Deutscher Taschenbuch Verlag

Ausführliche Informationen über
unsere Autoren und Bücher
finden Sie auf unserer Website
www.dtv.de

Originalausgabe 2015
© 2015 Deutscher Taschenbuch Verlag GmbH & Co. KG,
München
Das Werk ist urheberrechtlich geschützt. Sämtliche, auch
auszugsweise Verwertungen bleiben vorbehalten.
Karten S. 136, 137: Huber Medien GmbH, München
Umschlagkonzept: Balk & Brumshagen
Umschlagfoto: picture alliance/Kyodo
Gesetzt aus der Concorde 9,25/13,25pt
Satz: Bernd Schumacher, Friedberg
Druck und Bindung: Druckerei C.H.Beck, Nördlingen
Gedruckt auf säurefreiem, chlorfrei gebleichtem Papier
Printed in Germany · ISBN 978-3-423-34861-4

KEIN FRÜHLING IN ARABIEN

Ein Schlüsseldatum in der Geschichte des »Islamischen Staats« ist der 4. Juli 2014. An jenem Freitag trat Abu Bakr al-Baghdadi erstmals an die Öffentlichkeit. Für seine »Kalifatspredigt« trug er das schwarze Gewand der abbasidischen Kalifen, die von 750 bis 1258 in Bagdad herrschten. Er predigte in Mossul, der zweitgrößten Stadt des Iraks. Doch mit seinem Namen Baghdadi, den sich der Iraker Ibrahim Awwad al-Badri zugelegt hat, macht er seinen Anspruch klar: Er will, wie die Abbasiden, in Bagdad als das Oberhaupt aller Muslime herrschen. In dem Video, das seine Predigt verbreitete, wird er als »Euer Kalif« vorgestellt, dem alle Muslime zu gehorchen verpflichtet seien. Wenige Tage zuvor hatte Baghdadi den »Islamischen Staat im Irak und in Groß-Syrien« in »Islamischen Staat« umbenannt, mit einem »Kalifen« an der Spitze. Zu der Zeit verbreitete die Propaganda des falschen Kalifen, dass der finale Kampf, der zum »Sieg über die Ungläubigen« führe, bald im Norden Syriens ausgetragen werde. Noch bevor diese Schlacht stattfindet, hinterlässt der IS mit Massakern und Massenhinrichtungen, mit Vertreibungen und der Versklavung »Ungläubiger« eine beispiellose Blutspur.

2011 hatte die Welt voller Hoffnung auf den »Arabischen Frühling« geblickt, drei Jahre später ist das Entsetzen groß. Ein »Arabischer Frühling« ist das nicht. Den Begriff hatte am 6. Januar 2011, noch vor dem Sturz von Zain al-Abidin Ben Ali in Tunesien und Husni Mubarak in Ägypten, der amerikanische Politologe Marc Lynch vorschnell in die Welt gesetzt. Er eignet sich gut für Talkshows, verstellte aber den Blick auf das, was tatsächlich geschah; vor allem weckte er die unrealistische Erwartung, dass bald alles gut sein werde. Ist es aber nicht. Denn die arabische Welt erlebt nicht eine Jahreszeit, sondern epochale Umwälzungen, und die stehen erst am Anfang. Sie holt Prozesse nach, die Europa längst hinter sich hat, und sie korrigiert dabei eigene Fehlentwicklungen aus dem 20. Jahrhundert. Neue Akteure drängen nach vorne, Staaten zerfallen, alte Eliten stemmen sich gegen jede Art von Wandel.

Das ist kein Frühling, sondern ein Bruch, es wird zerstört, um Neues zu schaffen. Der Wunsch nach Freiheit und Gerechtigkeit wird begleitet von Gewalt und Terror. Syrien und der Irak sind das große Schlachtfeld und der Spiegel der großen Herausforderungen, denen die arabischen Gesellschaften gegenüberstehen: eine Konfessionalisierung, bei der Religion und Politik tief ineinandergreifen; eine Politik, die viele von der Teilhabe ausschließt und so den Boden für Abspaltungen bereitet; der Missbrauch von Macht und das Entstehen neuer, nichtstaatlicher Gruppierungen, die sich als gefährliche Akteure erweisen.

Der wichtigste dieser neuen Akteure ist der IS, der sich in dem Vakuum ausbreitet, das die gescheiterten Staaten Syrien und Irak hinterlassen. Er ist auch das Ergebnis der amerikanischen Invasion im Irak im Jahr 2003 und des Sturzes von Saddam Hussein. Die Amerikaner hatten übersehen, dass die Beseitigung des Regimes von Saddam Hussein massiv die regionale Balance zugunsten Irans und des schiitischen Islams verschieben würde. Die irakischen Sunniten gingen in den Untergrund und paktierten mit al-Qaida. Die zweite Fehlkalkulation war, dass Saddams Sturz nahtlos in eine funktionierende, wohlhabende Demokratie überleiten würde und die Amerikaner den Irak rasch verlassen könnten. Stattdessen fiel das Land in einen Bürgerkrieg; die amerikanischen Truppen verließen das Land zu früh, und es gab keine Armee mehr, die sich dem IS hätte entgegenstellen können. Gescheitert ist der Krieg gegen den Terror. Nach den Terroranschlägen des 11. September 2001 war die Zahl der weltweiten Jihadisten auf weniger als tausend geschätzt worden; heute liegt sie bei mehr als 50.000. Die meisten gehören in Syrien und im Irak dem IS an.

Die arabische Welt bietet eine große Bandbreite: Dem IS-Terror stehen die Freiheiten Dubais gegenüber; der Gegensatz zur Repression in Ägypten, die die Ära Mubarak weit übertrifft, ist der verheißungsvolle Sonderfall der tunesischen Demokratie. Wo sunnitische Extremisten herrschen, werden alle Minderheiten ausgelöscht – ob sie schiitische Muslime sind, muslimische Mystiker, Christen, Yeziden oder Schabak; wo aber säkulare Diktaturen die Macht ausüben, ob unter Assad in Syrien oder unter Sisi in Ägypten, überleben sie.

Vorbei sind die Zeiten, in denen sich der Westen in der Illusion wog, man bekomme im Nahen Osten schon Stabilität, wenn man nur auf Demokratie verzichte. Vom Sonderfall Tunesien abgesehen, gibt es nirgends Demokratie, und in den anderen Ländern eine bestenfalls scheinbare Stabilität. Die Alternative heißt heute Anarchie oder Diktatur. Viele Staaten, die nicht zerfallen, sind wirtschaftlich nicht überlebensfähig. Denn in wenigen Regionen der Welt wächst die Bevölkerung so schnell wie in Arabien; bereits für ihre Bevölkerung heute können sie nicht ausreichend Arbeit schaffen. Es ist eine Frage der Zeit, bis diese Länder implodieren. Dann werden weitere Flüchtlingswellen die Küsten Europas erreichen, noch sehr viel mehr Flüchtlinge werden verzweifelt nach einem rettenden Ufer greifen, werden ihre Traumata und Konflikte mitbringen.

Was ist falsch gelaufen in der arabischen Welt, dass es so weit kommen konnte? Die These dieses Buches lautet, dass das Staatsversagen der Vergangenheit in der Gegenwart zu einem Staatszerfall führt. Der schafft Raum für den »Islamischen Staat« und entlädt sich in einem »Dreißigjährigen Krieg der Araber«. Die Staaten der arabischen Welt hatten sich, nachdem sie unabhängig geworden waren, zwar Merkmale und Institutionen von Staaten zugelegt, etwa Verfassungen, Justiz und Parlamente; sie blieben aber die Fassade für die Herrschaft einer Elite. Die Staaten dieser Eliten versagten jedoch bei den wichtigsten Aufgaben: Sie schlossen zu viele von jeglicher Teilhabe aus und waren daher keine gesellschaftliche Friedensordnung; auch boten sie kein

Netz sozialer Solidarität. Die Proteste des Jahres 2011 waren ein Aufbegehren gegen dieses Staatsversagen. Und sie stießen einen Staatszerfall an. Denn viele Menschen wollen diese Staaten, die ihnen keinen Nutzen gebracht haben, schlicht nicht mehr.

Sie brauchen aber Institutionen, die ihnen Sicherheit versprechen. Diese Aufgabe übernehmen die Religionsgemeinschaften, die somit eine Bedeutung erlangen, die sie lange nicht gehabt haben. Gesellschaftliche und politische Konflikte sind nun auch religiöse Konflikte. Das Vakuum, das der Staatszerfall erzeugt, füllen neue Akteure, von denen der IS der wichtigste und bedrohlichste ist. Parallelen zum Dreißigjährigen Krieg in Europa entstehen; wie damals in Europa vermischen sich heute in der arabischen Welt das Streben nach politischer Macht, die Dominanz von Glaubensfragen und die Bereitschaft zu Gewalt zu einem toxischen Gebräu. Niemand weiß, wann dieser »Dreißigjährige Krieg«, der erst begonnen hat, enden wird. Und er reicht bereits weit in unsere Gesellschaften hinein.

Die Gefahr des Jihadismus ist seit den 1980er-Jahren kontinuierlich gewachsen. Sie ist verknüpft mit den Stichworten Afghanistan, Bosnien, Irak und jetzt Syrien. In Afghanistan hatten noch überwiegend arabische Muslime gekämpft; wenn sie in Europa Asyl suchten, etwa in London, hatten sie weiter nur die Feinde in ihren Heimatländern im Blick. Durch den Krieg in Bosnien wurde der Jihad in den 1990er-Jahren auch für europäische Muslime interessant; sie ließen sich weiter in den Ausbildungslagern in Afghanistan ausbilden. Als die zerstört wurden, war von 2003 an der Irak der neue Magnet für die globalen Jihadisten; ihr Aktionsradius erweiterte sich durch den Jihad-Gürtel vom Irak über den Jemen und Somalia bis nach Mali. Nie zuvor hatte jedoch ein Konflikt eine solche Anziehungskraft wie der in Syrien, wo mindestens 3000 Muslime aus Westeuropa kämpfen. Viele werden kampferprobt und traumatisiert in ihre Gesellschaften zurückkehren – und dort eine Gefahr für die Sicherheit werden. In Syrien wächst eine neue Generation von Terroristen heran. Sie werden in einigen Jahren den Terrorismus nach Europa tragen, ebenso wie der Terror aus Afghanistan mit ein paar Jahren Verzögerung zu den Anschlägen vom 11. September 2001 geführt hat. Auch wenn der Westen zur Beendigung der Kriege und Konflikte im Nahen Osten nicht viel beitragen kann, ein Abseitsstehen ist bei dieser Bedrohungslage keine Option.

STAATSVERSAGEN

Das Scheitern der postkolonialen Staaten

Versager: die Eliten

Der Beginn der Moderne glich in der arabischen Welt einem Dammbruch. Über Jahrhunderte hatte die arabisch-islamische Welt vor sich hingedämmert, hatte nur wenig Kontakt zur Außenwelt. Dann brach Napoleons Expedition nach Ägypten im Jahr 1798 in den Stillstand ein, eine Zeitenwende begann. Von da an drangen europäische Institutionen und Methoden auf allen Ebenen in die islamische Gesellschaft und veränderten sie grundlegend. Dann brach 1918 der Schutzschirm des Osmanischen Reichs über einer Welt weg, die seit der Expansion des Islams im 7. Jahrhundert keine Grenzen gekannt hatte. Große islamische Reiche hatten sich abgelöst – auf die Omayyaden folgten die Abbasiden, auf die Mamluken die Osmanen. Anders als im Europa jener Zeit reisten die Menschen frei in diesen Reichen. Anders als in Europa bildeten sich jedoch keine Nationen.

Die Araber übernahmen zunächst die Institutionen und Methoden der Europäer. Denn sie erkannten, dass sie ohne eine schlagkräftige Armee Europa nie ebenbürtig sein würden. Das setzte eine lange Kette von Veränderungen in Gang. Wer eine moderne Armee haben will, braucht eine moderne Bürokratie, die Steuern erhebt und Soldaten rekrutiert. Dann braucht ein moderner Staat ein Recht, das die Bürger gleichstellt, eine Wirtschaft, die alle ernährt, und ein Bildungswesen, das modernes Wissen vermittelt. Dabei blieb es nicht. Auf die Niederlage im

Ersten Weltkrieg folgte die Auflösung des Osmanischen Reichs. Nun verordneten die siegreichen Kolonialmächte der arabisch-islamischen Welt auch noch neue Staaten. Sie zogen die Grenzen so, dass sie ihren strategischen Interessen dienten. 1916 legten der Franzose François Georges-Picot und der Engländer Mark Sykes die Grenzen der neuen Staaten in der Levante fest, schufen so Syrien und den Irak, Palästina und Jordanien.

Nationen mit eigenen Identitäten hatte es nur in wenigen Regionen der arabischen Welt gegeben, etwa in Ägypten und in Tunesien. In den anderen Regionen waren zu den neuen Staaten erst noch Nationen zu formen. Das geschah nicht unbedingt mit der Zustimmung der Bevölkerung. Denn die Menschen hatten in vormoderner Zeit mit einer großen lokalen Autonomie gelebt. Nun wurden sie in einen zentralisierten Staat eingebunden, der alle Kompetenzen an sich zog und sich daranmachte, eine für alle verbindliche nationale Identität zu schaffen. Diese zentralisierten Staaten scheiterten aber bis auf wenige Ausnahmen mit diesem Projekt.

Der Geburtsfehler der Moderne im Nahen Osten war der Irrglaube, dass der Staat, wie ihn der Westen hervorgebracht hatte, die Moderne verkörpere. Ob in der Türkei Atatürk, in Persien Reza Schah Pahlawi oder der Ägypter Nasser: Sie alle glaubten, dass sie über den Staat die Moderne zu sich holen könnten. Ihre autoritären Regime sollten die Abkürzung sein, um zur Moderne zu gelangen. Sie verordneten sie von oben herab, und ihr Weg führte in eine unfreie Moderne.

Entstanden waren die neuen Staaten durch die Kolonialmächte. Von ihnen übernahmen die neuen Herrscher auch westliche Methoden und Institutionen. Sie erlaubten dem neuen Staat, despotischer denn je zu sein. Die Bürokratie festigte den Zugriff auf die Menschen, die moderne Technik ermöglichte eine landesweite Kontrolle und die Modernisierung des Sicherheitsapparats erstickte dissidente Stimmen. Der moderne arabische Staat hatte mehr Macht als alle seine Vorgänger.

Die politischen Institutionen, die diese Staaten übernahmen, blieben Dekoration – mit einer Verfassung und Wahlen, mit einem Parlament und einer Opposition, mit einer Exekutive und einer Justiz. Solche Institutionen nährten die Illusion, dass die Länder letztlich so funktionierten wie die, aus denen diese Institutionen importiert wurden. Sie blieben aber Fassade. Wahlen waren nie frei, ein Wettbewerb von Parteien fand nicht statt und der Begriff »Volk« reduzierte sich auf dessen Mobilisierung für den starken Führer. Hinter der Fassade waltete ein effizienter Sicherheitsapparat. Er hatte die Aufgabe, die Eliten zu schützen und deren Macht zu erhalten. Offiziell begründeten sie die Notwendigkeit einer starken Armee und effizienter Polizeidienste mit der Gründung des Staats Israel 1948 und dem permanenten Kriegszustand mit Israel.

Mit der Unabhängigkeit bildeten sich in den jungen Staaten an der Spitze der Machtpyramide neue Eliten. Die Armeen lösten die alten Aristokratien an der Spitze der Macht ab. Sie boten den unteren Schichten erst die Chance für einen sozialen Aufstieg und dann die Gelegenheit, nach der Macht zu greifen. So putschten die sozialen Aufsteiger in vielen Staaten. In Libyen herrschte seit 1969 Gaddafi, in Syrien seit 1970 die Familie Assad, im Jemen Ali Abdullah Saleh seit 1978 und in Ägypten seit 1981 Husni Mubarak, der dritte General an der Staatsspitze Ägyptens seit dem Putsch von 1952.

Die Armee und die Sicherheitsdienste wurden das Rückgrat der neuen Elite; zu ihr gehörte auch die Bürokratie, die über Protektion und die Verteilung von Ressourcen die Gruppen an den Staat band, die einen Beitrag zu dessen Stabilisierung leisten können. Dazu gehörten Unternehmer, die vor Wettbewerb geschützt werden, und islamische Religionsgelehrte, die zu Loyalität gegenüber dem Staat aufriefen. Die jungen Staaten finanzierten sich nur zu einem geringen Teil aus Steuereinnahmen. Im Vordergrund standen die Möglichkeiten des Rentierstaats. Das sind für Ägypten die Einnahmen aus dem Suezkanal und die internationalen Finanz- und Militärhilfen, für die Ölstaaten der Ölexport.

Nie waren die Eliten also auf Steuerzahler angewiesen, und so mussten sie auf die Gesellschaft keine Rücksicht nehmen. Die Folge war eine Abkoppelung der Elite von der Gesellschaft. Um zu überleben, brauchte die Elite die Gesellschaft nicht, und im Gegenzug hatte die Gesellschaft von dem Staat kaum einen Nutzen. Im Gegenteil, der autoritäre Staat unterdrückte sie ja. Die Eliten rechtfertigten diese Repression mit ihren neuen Ideologien.

Im Osmanischen Reich waren die Araber noch ein assoziiertes Staatsvolk. Der aggressive türkische Nationalismus der Jungtürken führte Anfang des 20. Jahrhunderts aber zum Entstehen des arabischen Nationalismus. Die großen Entwürfe des Panarabisten Gamal Abd al-Nasser sowie der Baath-Partei beherrschten über Jahrzehnte den politischen Diskurs. Ihre Doktrin lautete, dass die Araber erst dann wieder an ihre historische Größe anschließen würden, wenn ein starker Staat sie eine. Sie ließen daher der Gesellschaft keinen Freiraum, und sie nahmen nicht zur Kenntnis, dass sie in einer pluralistischen Welt lebten.

Die Diktatoren scheiterten – politisch, wirtschaftlich und nicht zuletzt militärisch gegen Israel. Ägypten hatte 1960 das gleiche Einkommen je Einwohner wie Südkorea, Syrien war sogar reicher als Südkorea. Es folgten fünf Jahrzehnte, in denen das Pro-Kopf-Einkommen Südkoreas um das Fünffache über dem Ägyptens lag, die Einwohnerzahl Südkoreas hatte sich verdoppelt, die Ägyptens verdreifacht. Der ägyptische Sicherheitsstaat hatte keinen Wohlstand geschaffen; staatliche Dienstleistungen wie Schulen und Krankenhäuser waren zwar kostenlos, aber überfüllt und düster; ein Wahlzirkus, den jeder durchschaute, zementierte die Macht.

Ein-Parteien-Herrschaften, die sich nur dank der Repression sicher wähnten, hatten nicht nur in Ägypten Monarchien abgelöst. Diese neuen postkolonialen Staaten brachten Machtpyramiden hervor, die sklerotisch erstarrten: Erfolg war und ist an politische Protektion geknüpft; Parlamente und Medien sind Instrumente der Machtsicherung, nicht Foren des Dialogs; der Staat ist korrupt, die Polizei brutal; *crony capitalism*, in dem persönliche Beziehungen jene mit guten Beziehungen bevorzugen, statt *good governance*, also einer guten Regierungsführung. Gescheitert sind die Ideologien des arabischen Nationalismus und des arabischen Sozialismus, die mit diesen Pyramiden der Macht verknüpft werden.

Ihr Scheitern bahnte den Islamisten den Weg. Alle Unterdrückung half nichts. Der Islamismus wurde die einzige Alternative zu den gescheiterten säkularen Diktaturen. Der arabische Nationalismus und auch der Islamismus sind supranationale Ideologien, die fordern, die willkürliche Grenzziehung und Staatenbildung durch die Kolonialmächte zu überwinden. Erst als in der Gegenwart die fehlende Legitimation der jungen Staaten offensichtlich geworden ist, wurde aber das Auseinanderbrechen von Staaten ein Thema. Ägypten hat, wie andere arabische Staaten in Nordafrika, eine eigene Identität und stabile Grenzen, ist also wenig gefährdet. Der fruchtbare Halbmond und Mesopotamien hatten hingegen vor dem Ersten Weltkrieg keine eigene Geschichte. Die danach willkürlich gezogenen Grenzen haben zufällige Staatszugehörigkeiten geschaffen; mit den ethnischen und konfessionellen Siedlungsgebieten deckten sie sich nicht.

Das Osmanische Reich war der letzte legitime Staat im Nahen Osten. Was folgte, konnte nie mehr ein so großes Maß an Legitimität erzeugen, dass sich eine große Mehrheit der Bürger mit dem Staat identifizierte. Nirgendwo gab es einen Gesellschaftsvertrag, der seinen Niederschlag in einer Verfassung gefunden und alle Bürger zum Staatsvolk gemacht hätte. Das Ergebnis waren Staaten, die aufgrund der vom Westen übernommenen Institutionen wie moderne Staaten aussahen. Die Eliten brauchten diesen Staat, da er ihnen *dolce vita* ermöglichte, sie brauchten die Gesellschaft aber nicht. Die Bevölkerung hatte im Gegenzug vom Staat und den Eliten nichts zu erwarten. Sie hatte auch nie die Chance zu partizipieren. Polizeistaaten beschützten die herrschenden Eliten vor ihren »Bürgern«.

Die Mitglieder der Gesellschaft waren aber nie Bürger in unserem Sinne. Den Unterschied zeigt bereits die arabische Sprache. Das Arabische gebraucht für »Bürger« die Vokabel *muwatin*. Sie ist von *watan* abgeleitet, was »Geburts- und Wohnort« bedeutet. Der *muwatin* ist damit ein Mitbürger im Sinne eines Landsmanns, nicht aber ein Staatsbürger im modernen liberal-demokratischen Sinn. Die Eliten haben sich gegenüber dem *muwatin* auch stets so verhalten. Ein stummer *muwatin* darf er sein, Opposition gegenüber den Eliten ist aber nicht erlaubt. Die Bürger eines arabischen Staats waren also nie gleichberechtigt, hatten nie die gleichen Chancen wie die Angehörigen der Eliten, nicht im Alltag, nicht vor den Gerichten.

Bei uns ist Bürger, wer um die Burg wohnt, und Politik wird um die *polis* gemacht, im öffentlichen Raum, in dem sich die freien Bürger austauschen. Das Äquivalent zu Politik heißt auf Arabisch *siyasa*. Der Begriff steht nicht für die Interaktion der freien Bürger, sondern für Macht. Abgeleitet ist er von einem Verb, das »ein Pferd pflegen oder zähmen« bedeutet. Das Pferd ist ein Symbol der Macht. Wer reitet, herrscht. Unsere Politik ist an Freiheit geknüpft, *siyasa* aber an den Herrscher, und dessen Untertan ist der *muwatin*. Ein Anspruch auf gesellschaftliche oder gar politische Vertretung ist damit nicht verbunden. Der Begriff »Bürger« assoziiert hingegen dessen Teilnahme an den Belangen der »Burg«, mit der er sich identifiziert, also auch mit dem Staat. Er ist ein »Staatsbürger«.

Das hat gravierende Folgen. Denn dieser arabische Staat erfüllt in der Gegenwart, trotz der dekorativen modernen Elemente, zentrale Kernaufgaben eines modernen Staats nicht: Er war nie eine Solidargemeinschaft. Wann immer jemand in Not geriet, ob durch Arbeitslosigkeit oder durch Krankheit: Der Staat half nicht; wohl aber halfen die Familie, die Nachbarn und natürlich die eigene Religionsgemeinschaft. Zudem stifteten die Staaten keinen gesellschaftlichen Frieden. Denn die Machthaber dachten stets in den Kategorien des Nullsummenspiels. Der Stärkere nimmt alles, für den Unterlegenen bleibt nichts. Die Machthaber fürchteten, Macht zu verlieren, wenn andere mächtiger werden sollten. Also konzentrierten sie so viel Macht wie möglich in ihrer Hand und drückten andere an den Rand. So hatte im Irak erst der Sunnit Saddam Hussein die Schiiten verfolgt, danach drängte der von 2006 bis 2014 regierende schiitische Ministerpräsident Nuri al-Maliki die Sunniten an den Rand.

Nur ein kleiner Schritt ist es von der Erkenntnis der Untertanen, dass ein solcher Staat ihnen keinen Nutzen stiftet, bis zur Absicht, nicht länger an ihm festzuhalten. Lange fügten sich diejenigen defätistisch, die von den Segnungen des Staats ausgeschlossen sind. Im Jahr 2011 begehrten die Menschen dann erstmals gegen ihre Staaten auf.

Verlierer: die Jugend

Die Verlierer dieser Ordnung sind die Jugendlichen, die um ihre Zukunft betrogen sind, und alle, die diese Ordnung ausschließt. Nirgends ist die Jugendarbeitslosigkeit so hoch wie in der arabischen Welt. Jeder zweite Jungakademiker findet keine Arbeit, und 2011 hatte der Internationale Währungsfonds errechnet, dass in der arabischen Welt 40 Prozent der Arbeitslosen zwischen 15 und 24 Jahre alt sind, in Ägypten und Syrien sind es sogar 60 Prozent. Wie rasch die Zeitbombe tickt, zeigt eine andere Zahl: In Deutschland ist die Hälfte der Bevölkerung 44 Jahre alt und jünger, in der arabischen Welt ist die Hälfte der Bevölkerung aber jünger als 24 Jahre.

Die demografische Entwicklung erhöht den Druck. So haben die 80 Millionen Ägypter halb so viele Kinder wie die 500 Millionen Europäer, und die Bevölkerung der 22 Staaten der Arabischen Liga soll sich bis zum Jahr 2050 auf 700 Millionen verdoppeln. Dabei leben bereits heute 100 Millionen unter der Armutsgrenze von 2 Dollar am Tag. Die Jugendlichen haben in ihrem täglichen Kampf für ein besseres Leben keine fairen Chancen. Denn das staatliche Bildungssystem ist schlecht, die Klassen sind zu groß, die Lehrer sind unmotiviert, Schule und

Universität bereiten nicht auf das Arbeitsleben vor; die Elite aber schickt ihre Kinder auf teure Privatschulen.

Das Bildungssystem ist dysfunktional, der Arbeitsmarkt ist es auch. Da sich die Wirtschaftspolitik nach den Bedürfnissen einiger weniger Unternehmer richtet, die zur Stabilisierung der Machtpyramide kooptiert werden, entstehen zu wenige Arbeitsplätze. Die Weltbank hatte 2010 errechnet, dass in der arabischen Welt bis zum Jahr 2020 mindestens 100 Millionen neue Arbeitsplätze entstehen müssten, um den Jugendlichen, den jungen Akademikern und den Frauen eine Perspektive zu geben. Das geschieht aber nicht. Von 1980 bis 2008 sind die aufstrebenden Länder Asiens jährlich im Durchschnitt um 5 Prozent gewachsen, die Weltwirtschaft wuchs jährlich um 2 Prozent, die arabischen Staaten aber nur um 0,2 Prozent. Sie ließen damit die Chancen der Globalisierung ungenutzt. Betrogen ist die Jugend, zumal die Früchte des ohnehin geringen Wachstums sehr ungleich zugunsten der Elite verteilt werden.

Die jungen Araber wissen um die Defizite ihrer Staaten. Steve Jobs, der Gründer von Apple, ist auch in der arabischen Welt eines der Idole. Sein leiblicher Vater war Syrer. Nach seinem Tod verbreitete eine junge Syrerin im Internet, es sei zum Wohle der Menschheit gewesen, dass der Vater den Sohn nicht nach Syrien mitgenommen habe. Dort hätte sich seine Genialität nicht entfalten können. Gerade die Jugend der aufstrebenden Mittelschicht fühlt sich ihrer Chancen und Zukunft beraubt.

Sie identifiziert sich nicht mehr mit ihren Regimen, sie ist besser ausgebildet, als ihre Väter es waren, und weiß über die Welt Bescheid. Sie misst sich nicht an ihren Staaten, sondern an der Welt; sie ist der Diktaturen überdrüssig, fordert ein besseres Leben und Freiheit. Druck hat sich über Jahrzehnte im Kessel aufgestaut. Die Regime öffneten aber kaum ein Ventil, um den Druck abzulassen. Stattdessen setzte sich die Spirale nach unten fort, wirtschaftlich wie gesellschaftlich.

Doch ausgeschlossen aus der Ordnung ist nicht nur die Jugend. In Ägypten waren es Islamisten wie die Muslimbrüder (und sind es wieder); von Jahr zu Jahr unzufriedener waren aber auch die Arbeiter. Ihre Frustration entlud sich von 2006 an immer häufiger in Streiks. Denn die schlecht geführten Staatsbetriebe zahlten nur karge Löhne, die weit hinter der Inflation zurückblieben, so dass die Arbeiter ihre Familien kaum ernähren konnten. Auch die privaten Unternehmer, die Teil des Machtapparats sind, zahlen nur niedrige Löhne. So musste am Vorabend der Proteste des Jahres 2011 in den Staaten Nordafrikas jeder dritte Beschäftigte von weniger als 2 Dollar am Tag leben, war also unter die Armutsgrenze gefallen.

Die regierenden Militärs denken in den Kategorien der Sicherheit, mit Verachtung blicken sie auf das bürgerliche Wirtschaften. Sie interessiert allein, sich Pfründe und Monopole zu sichern. Die Folge war, dass in den Jahren, die auf die Zäsur von 2011 hinführten, selbst die Philippinen mehr industrielle Güter exportiert hatten als die gesamte arabische Welt. Kein arabisches Land gehört den dynamisch wachsenden Schwellenländern der BRIC an – der Gruppe von Brasilien, Russland, Indien und China. Von guter Regierungsführung konnte nirgends die Rede sein; kein Staat legte gegenüber seiner Bevölkerung Rechenschaft über sein Handeln ab.

Und so wuchs eine verlorene, ausgeschlossene und betrogene Generation heran.

Die Proteste des Jahres 2011

Der Verlauf: jedes Land ist anders

Einer, der für sich keine Zukunft mehr sah, war der Tunesier Muhammad Bouazizi. Er übergoss sich am 17. Dezember 2010 in seiner Heimatstadt Sidi Bouzid mit Benzin und zündete sich an. Seine Tat war der Funke, den die arabische Jugend gebraucht hat, um ihre über viele Jahre aufgestaute Frustration zu entladen. Nicht eine Ideologie trieb ihn zu seiner Verzweiflungstat, sondern Aussichtslosigkeit und Demütigung. Viele arabische Jugendliche erkannten sich in seinem Schicksal wieder, und so wurde er zur Identifikationsfigur einer Generation. Am 4. Januar 2011 erlag er seinen Verbrennungen.

Die arabische Jugend identifizierte sich mit ihm, weil in Bouazizis Schicksal die drei »P« zusammenkamen, die seine Generation charakterisieren: *Poverty* (Armut), *Participation* (Teilhabe), *Pride* (Stolz, Würde). Der 26 Jahre junge Bouazizi, der seinen Lebensunterhalt sowie den seiner Mutter und fünf Geschwister als mobiler Gemüsehändler verdiente, sah keine Chance mehr, der Armut zu entkommen. Die Polizei konfiszierte an jenem 17. Dezember zum wiederholten Male seine Waage und seine Produkte; als er im Rathaus Beschwerde einlegen wollte, demütigte ihn eine Bedienstete des Staats. Der tunesische Polizeistaat sah eine Teilhabe seiner Bürger nicht vor. Bouazizi hatte zwar sich und seinen Geschwistern das Abitur ermöglicht, ein würdiges Leben in der tunesischen Kleptokratie, einem Staat, dessen Elite sich wilkürlich am Eigentum anderer bereichert, konnte er sich aber nicht mehr vorstellen. Er hatte nichts mehr zu verlieren.

Seine Geschichte steht für die Geschichten Millionen anderer Jugendlicher. Und so löste sein Tod Massenproteste aus, die die arabische Welt verändern sollten. In 20 der 22 Staaten der Arabischen Liga gingen in den folgenden Wochen Menschen auf die Straßen, überwiegend Jugendliche. An den meisten Orten skandierten die Demonstranten einen Ruf, der zum Slogan der Revolution wurde: »*Al-shaab yurid isqat al-nizam*« (Das Volk will den Sturz des Regimes). In Ägypten riefen sie zudem an die Adresse des 83 Jahre alten Präsidenten Husni Mubarak gerichtet: »*irhal!*« (hau ab) – die Reaktion darauf, dass die Alten nicht auf die Jugend hörten und diese sich ausgeschlossen fühlte.

Die Massenbewegung, die aus dem Nichts über die arabische Welt fegte, hatte keine Führer. Neben Muhammad Bouazizi eignet sich noch eine weitere Person zur Charakterisierung dieser unvollendeten Revolution: Der 1980 geborene Ägypter Wael Ghoneim. Er hatte nach Dubai emigrieren müssen, um Karriere zu machen. Er wurde Marketingchef von Google für den Nahen Osten. Ende 2010 kam er nach Ägypten zurück und organisierte die Facebookgruppe »Wir sind alle Khalid Said«, die bald 3 Millionen Anhänger hatte und entscheidend für die Mobilisierung der Jugendlichen werden sollte. Die ägyptische Polizei hatte am 6. Juni 2010 in Alexandria den Blogger Khalid Said auf offener Straße zu Tode geprügelt. Nach seinem Tod wurde Khalid Said zu einem Helden der ägyptischen Revolution.

Während Bouazizi für die Verzweiflung der arabischen Jugend stand, verkörperte Ghoneim ihre Kreativität. Ghoneim verband den Zorn der Jugend mit den Möglichkeiten des Internetzeitalters. Bouazizi ist tot, und Ghoneim hat sich der ständigen Verfolgung durch den ägyptischen Sicherheitsapparat entzogen; er lebt heute in San Francisco.

Die revolutionäre Stimmung verebbte nach wenigen Monaten. In den meisten Staaten erstickten die autokratischen Machthaber die Proteste mit einer Mischung aus Repression und, vor allem in den ölreichen Golfstaaten, mit finanziellen Wohltaten. In vier Ländern aber mussten die Präsidenten zurücktreten: in Tunesien Zain al-Abidin Ben Ali am 14. Januar 2011, in Ägypten Husni Mubarak am 11. Februar 2011, in Libyen wurde Muammar al-Gaddafi am 23. August 2011 abgesetzt und am 20. Oktober 2011 getötet, im Jemen trat Ali Abdullah Saleh am 27. Februar 2012 zurück. In den meisten Ländern ermüdeten die Demonstranten gegenüber der zu jeder Gewalt bereiten Staatsmacht, in Syrien und in Libyen eskalierten die gewaltsamen Auseinandersetzungen zu Bürgerkriegen.

Gemeinsam war den Demonstranten, dass sie die Gesellschaft gegenüber ihrem Staat stärken und einen neuen Gesellschaftsvertrag bewirken wollten. Der syrische Philosoph Sadiq al-Azm sah den gemeinsamen Nenner der Demonstranten in allen Ländern in der Forderung nach einer modernen Zivilgesellschaft; dazu gehörten, so Azm, das Primat der Staatsbürgerschaft, der Respekt für die Menschenrechte und die Achtung der Grundfreiheiten. Das alles stehe der traditionellen arabischen Gesellschaft entgegen, die auf dem Primat von Urbeziehungen basiere, also einer Gruppensolidarität unter Verwandten oder in einem Stamm. Diese Gruppensolidarität grenze aus und greife zur Gewalt, um die gefährdete Macht zu sichern – zu sehen an den Regimen, die sich wie Assads Syrien und Saddam Husseins Irak auf eine solche Gruppensolidarität gestützt haben.

Die Proteste des Jahres 2011 sind nicht einer Ideologie gefolgt; vielmehr wirkten sie wie nationale Unabhängigkeitsbewegungen. In einigen Ländern war die Nationalflagge das einigende Band, etwa in Ägypten und Bahrain. In Syrien und in Libyen griffen die Demonstranten als Zeichen der Abgrenzung von den modernen Regimen auf die Trikolore ihrer früheren Staaten zurück. Überall waren die Proteste die Antwort auf lokale Missstände, nicht auf internationale Entwicklungen. Repression, Armut und Korruption spielten eine Rolle, nicht Amerika und nicht Israel. In Ägypten und Libyen knüpften die Demonstranten an die erste Epoche der Unabhängigkeit an; in Ägypten an das liberale Zeitalter von 1919 bis 1952, in Libyen an die ersten Jahre der Unabhängigkeit von 1951 bis 1969.

Am 12. Februar 2011, dem Morgen nach Mubaraks Rücktritt und einer Nacht im Freudentaumel, machten sich in Kairo mehr als 100.000 Jugendliche mit Kehrwisch und Schaufel daran, den Tahrir-Platz und die Straßen vom Schmutz der Jahrzehnte zu reinigen. Das Militär hatte bereits die Macht übernommen; es sollte bald die jugendlichen Aktivisten und die Islamisten ausbooten. Am 22. Februar war in Bahrain jeder dritte Einwohner auf der Straße, um Reformen zu fordern; am 15. März rollten aber saudische und emiratische Truppen von Saudi-Arabien über die Brücke nach Bahrain, eine beispiellose Verhaftungswelle setzte ein.

Die Nato begann am 19. März in Libyen mit Luftschlägen gegen Stellungen des Regimes von Muammar al-Gaddafi; zwei Tage zuvor hatten in Benghasi die Rebellen noch geglaubt, ein Massaker wie 1995 während des Bosnienkriegs in Srebrenica würde sich in ihrer Stadt wiederholen. Am 15. Mai rief in der jemenitischen Hauptstadt Sanaa Präsident Saleh, der einmal das Regieren im Jemen mit dem Tanzen mit einer Schlange verglichen hatte, seinen Anhängern zu: »Ihr wollt, dass ich bleibe, und ich verlasse euch nicht.« Im Dezember wurde Tawakkul Karman, die Koordinatorin der Proteste, mit dem Friedensnobelpreis ausgezeichnet, drei Monate später trat Saleh doch zurück. Die ihm folgten, beherrschten den Tanz mit der Schlange nicht mehr.

Die Eruption: historische Umwälzungen

Von Napoleon im Jahr 1798 bis zur Invasion im Irak 2003 waren es stets äußere Mächte, die die großen Veränderungen in der arabischen Welt eingeleitet hatten. Im Jahr 2011 nahmen die Araber das Heft des Handelns erstmals wieder selbst in die Hand. Es wurde zum Jahr der großen Zäsur. Die postkoloniale Ära, die nach dem Zweiten Weltkrieg begonnen hatte, endete. Die Proteste stießen einen Prozess an, der unvermeidbar war: den Zerfall von Staaten, die nie Nationalstaaten waren, und die Auflösung von Grenzen, die von den Kolonialmächten gezogen worden waren. Doch diese postkoloniale Epoche ging zu Ende, ohne dass sich die Konturen einer neuen arabischen Ordnung bereits abzeichneten.

In den drei großen Regionen der arabischen Welt verlaufen die Prozesse unterschiedlich. In Nordafrika existieren mit Ägypten, Tunesien und Marokko drei Staaten, die aus einer nationalen Identität heraus gewachsen und über lange Zeiträume entstanden sind. Sie sind stabil, auch wenn sie unterschiedliche Wege einschlagen: Ägypten ist wieder eine repressive Diktatur, Tunesien eine bislang funktionierende Demokratie, Marokko eine aufgeklärte Monarchie. In Libyen zerfällt der Staat. Fraglich ist, wie lange das Regime in Algerien das Land ruhighalten kann.

Für die Staaten auf der Arabischen Halbinsel trifft unverändert die Formulierung »Stämme mit Flaggen« zu. Der ägyptische Diplomat Tahseen Bashir hatte mit dieser abfälligen Bemerkung in den 1970er-Jahren die neuen Staaten auf der Arabischen

Halbinsel charakterisiert. Sie sind stabiler als die arabischen Republiken. Denn die traditionellen Stämme sichern den Zusammenhalt der Gesellschaft, und so kann sich die Bevölkerung mit den neuen Staaten auch identifizieren. Die jungen Staaten sind eine moderne Fassade für die bisherige Stammesordnung; sie bleibt vorläufig von den Brüchen verschont, die die Republiken erschüttern.

Anders als die Staaten am Golf lösen sich die Staaten der Levante auf. Hier hatten die Kolonialmächte am stärksten eingegriffen, 1916 im Sykes-Picot-Abkommen mit der Ziehung der Grenzen und 1917 mit der Balfour-Deklaration, die eine »nationale Heimstätte« für das jüdische Volk in Palästina versprach. In Syrien und im Irak sind die alten Ordnungen zerstört, der Konflikt greift auf den Libanon über, wie ein Wunder bleibt Jordanien von den Umwälzungen bislang verschont.

Von der Euphorie und Aufbruchsstimmung des Jahres 2011 ist nichts geblieben. Für die einen Araber befindet sich die arabische Welt heute in der schwersten Krise seit dem Einfall der Mongolen im 13. Jahrhundert und der Zerstörung von Bagdad im Jahr 1258. Für die anderen übertrifft der Staatszerfall heute selbst die Katastrophe des 13. Jahrhunderts. Zentrifugale, dezentrale Kräfte fordern die zentralistischen Ordnungen heraus, die noch die europäischen Kolonialmächte entworfen hatten.

Eingesetzt haben langfristige Prozesse, getrieben von einem tiefgreifenden gesellschaftlichen Wandel, mit vielen Brüchen und keineswegs geradlinigen Entwicklungen. Die arabische Welt hatte über viele Jahrhunderte in einem selbstzufriedenen Stillstand verharrt. Das Nachholen historischer Prozesse führt nun zu Eruptionen, die einem Erdbeben gleichen – so wie kein Stein auf dem anderen bleibt, wenn sich eine tektonische Verwerfungslinie in Bewegung setzt, die über Jahrhunderte ruhig war.

Um die langfristigen Entwicklungen zu begreifen, werden historische Analogien gezogen. Am ehesten eignet sich dazu das Europa des 19. Jahrhunderts. Dort hatten die Eliten bis 1848 den politischen Diskurs geführt, in der arabischen Welt taten sie es bis 2011. In Europa revoltierte damals die neue, gebildete bürgerliche Mittelschicht gegen die feudale Staatselite; Massen wurden politisiert und zu Akteuren der Politik. Das wiederholt sich heute – trotz aller Rückschläge – in der arabischen Welt. Auch in Europa hatte eine Restauration damals die Menschen zunächst in Frustration und Enttäuschung gestürzt, bevor endlich eine Demokratisierung einsetzte, die zu einer Neuordnung von Staat und Gesellschaft führte. Das soll sich, so die Hoffnung, in den kommenden Jahrzehnten in der arabischen Welt wiederholen.

Eine weitere historische Analogie war, vor allem solange der Begriff vom »Arabischen Frühling« in Gebrauch war, das Jahr 1989, in dem in Osteuropa der Eiserne Vorhang fiel. Die Prozesse in der arabischen Welt sind indes komplexer als es jene vor einem Vierteljahrhundert in Osteuropa waren. In Osteuropa ging es lediglich um die Frage, welche Staatsform sich in einem bestehenden Staat entwickelt – eine Demokratie wie in Polen oder eine Diktatur wie in Weißrussland. In der arabischen Welt führen die Konflikte indessen zur Auflösung von Staatlichkeit. Herstellung und Sicherung von Staatlichkeit werden daher zur vorrangigen Aufgabe.

In einem Punkt stimmt jedoch die Analogie zum Jahr 1989. Damals fragten sich beispielsweise die Polen, ob sie eine katholische Nation sein wollen oder eine säkulare. Heute werden in der arabischen Welt ebenfalls Fragen der Identität gestellt. In Ägypten hat ein Kampf um die Identität eingesetzt: Soll Ägypten eine muslimische oder eine säkulare Nation sein? Erst wenn diese Frage beantwortet ist, können darauf staatliche Institutionen aufgebaut werden. Im fünften Jahr der großen Umwälzungen stehen weiter die Fragen nach der Identität im Vordergrund: nach der Rolle der Religion, nach der Definition der Nation, nach dem Verhältnis von Arabertum zu einer bloß regionalen Identität.

Staaten taugen selten zur Identitätsstiftung. Denn sie sind meist, bis auf Ägypten und Tunesien, jüngere Schöpfungen. Auch ist die gemeinsame arabische Zivilisation kein starker Kitt; die arabische Welt ist zwar ein gemeinsamer kultureller Raum, der politische Panarabismus hat aber seine Attraktivität verloren. Stärker als die künstlichen nationalstaatlichen Identitäten sind häufig ethnische und konfessionelle Identitäten. Denn wenn sich Nationen und der Arabismus nur wenig zur Identitätsstiftung eignen, schlägt die Stunde der Religion. Der Islam bietet auch mehrere Anknüpfungspunkte, die sich für eine Identitätsstiftung eignen: als Widerstandsideologie (gegen ausländische Mächte, auch gegen die eigene Staatselite); als sozialpolitische Bewegung (Arme sollen in Würde leben); als moralische Institution (gegen Ungerechtigkeit).

Solange die Frage nach der Identitätsstiftung offen und nicht mit einem breiten Konsens beantwortet ist, lässt sich die schwere Legitimationskrise der Staaten nicht lösen. Je länger die Antwort ausbleibt, desto mehr drängen nichtstaatliche Akteure an ihre Stelle. Schließlich lösen sich Staaten wie Syrien und der Irak, wie Libyen und der Jemen auf, weil ihnen die Eliten keinen Sinn gegeben haben und weil zu viele Menschen zu der Überzeugung gelangt sind, dass ihnen dieser Staat keinen Nutzen bringt. In Ägypten ist die Frage der Staatlichkeit zwar weniger virulent als bei anderen Staaten. Der ägyptische Staat ist aber nur noch ein repressiver Apparat, der keine Politik macht und politische Entscheidungen auch nicht durchsetzen will. Bis auf die Monarchien am Persischen Golf ist überall in der arabischen Welt die Staatlichkeit in Gefahr. Legitime und funktionsfähige Staaten zu schaffen wird die Herkulesaufgabe der kommenden Generationen sein.

STAATSZERFALL

Staatlichkeit in Gefahr

Vakuum: ein Flickenteppich hybrider Ordnungen

In der arabischen Welt ist Staatlichkeit nicht mehr selbstverständlich, sie ist akut gefährdet. Es zerfallen Staaten, die die Erwartungen, die an sie gerichtet waren, nicht erfüllen konnten. Damit ein Staat funktioniert, braucht es eben mehr als staatliche Institutionen. Es braucht auch Staatsbürger, die sich mit ihrem Staat identifizieren. Die Umwälzungen, die eingesetzt haben, stärken aber die lokalen Identitäten unterhalb der Ebene des Staats. Diese zentrifugalen Kräfte entfernen sich von dem alten Zentralstaat; auf Distanz zu diesem etablieren sich neue nichtstaatliche Akteure, die zunehmend staatliche Aufgaben erfüllen. Sie profitieren von Krieg und Staatszerfall. Neue Akteure, die mächtiger werden als der bisherige Staat, füllen mehr und mehr das Vakuum aus, und ein Flickenteppich hybrider Ordnung entsteht.

Unklar ist vorerst, wie viel von der alten Ordnung gerettet werden kann. Der Westen sträubt sich gegen eine Veränderung der bisherigen Staatsgrenzen. Instrumente, die den rapiden Staatszerfall, den die arabische Welt erlebt, aufhalten, sind daher nicht verfügbar. Keine Ordnungsmacht ist zu sehen, die gestaltend oder steuernd eingreifen könnte. Die historischen Ordnungsmächte und auch die Vereinigten Staaten haben keine Mittel mehr, um einzugreifen.

Drei Varianten des Staatenersatzes zeichnen sich ab, die diesen Flickenteppich bilden: Lokale Milizen gewährleisten wie in Libyen die Sicherheit; Warlords, Bandenchefs, die oft an der Spitze einer lokalen Miliz stehen, gedeihen im Jemen, aber auch in Syrien; in weiten Teilen Syriens und des Iraks ist die konfessionell legitimierte Ordnung des »Islamischen Staats« an die Stelle der diskreditierten alten Staaten getreten. Der IS ist, wenn auch der wichtigste, lediglich ein neuer Akteur bei der Schaffung einer neuen Ordnung, und er ist die stärkste Herausforderung für die bisherige staatliche Ordnung.

Die arabische Welt kannte auch in der Vergangenheit starke nichtstaatliche Akteure: im Libanon die Hizbullah, in Palästina die Hamas, in Ägypten die Muslimbruderschaft, in Somalia die Shabab. Ein Beispiel dafür, dass Religionsgemeinschaften – und innerhalb von diesen zahlreiche Großfamilien – stärker sein können als der Zentralstaat, ist der Libanon. Im Bürgerkrieg, der von 1975 bis 1990 dauerte, haben sich die Grenzen des Staats dennoch nie aufgelöst; aus den Kantonen der Bürgerkriegsparteien wurden nie eigenständige Staaten. Denn anders als heute war die Nachbarschaft des Libanon damals stabil. Heute ist jedoch die ganze Region östlich des Mittelmeers in Bewegung. Kriegsparteien verbünden sich mit Akteuren jenseits bisheriger Grenzen; Kriege und wechselnde Allianzen zeichnen die Landkarte immer wieder neu.

Während die bisherigen Staaten versagen und zerfallen, bieten die nichtstaatlichen Akteure ihrer Klientel, was sie sucht: Identität, ein sicheres Territorium, Unabhängigkeit gegenüber anderen, staatliche Dienstleistungen, eine legitime Ordnung. Je mehr davon ein nichtstaatlicher Akteur leistet, desto größer sind seine Überlebenschancen und die Wahrscheinlichkeit, dass er den Nukleus eines neuen Staats bildet. Die neuen Entitäten sind homogener, als es die alten Staaten waren. Die Wahrscheinlichkeit, dass sie die Aufgaben der gesellschaftlichen Friedenssicherung und der sozialen Sicherheit übernehmen, ist damit auch größer als bei den bisherigen Staaten.

Ein Ende der Nationalstaaten hat weitreichende Folgen für

die Staatengemeinschaft. Denn deren Ordnung, wie sie seit dem 18. Jahrhundert entstanden ist, ist an den Nationalstaat gebunden. Diese Ordnung hat das Völkerrecht hervorgebracht, das die Beziehungen der Nationalstaaten untereinander regelt. Es verliert aber an Einfluss, wenn Nationalstaaten zerfallen, und es verliert an Ansehen, wenn es ihm nicht gelingt, diesen Zerfall und die damit verbundene Gewalt, beispielsweise in Syrien, zu stoppen.

Zudem war die Intervention in Libyen ja durch die Staatengemeinschaft sanktioniert. Wenige Jahre nach der Intervention zeigt sich jedoch, dass Libyen in den Grenzen des bisherigen Staats nicht zu halten ist. Zentrifugale Kräfte stärken in den historischen Provinzen Tripolitanien, Cyreneika und Fezzan die lokalen Identitäten. Mutmaßlich sind nicht einmal die Grenzen dieser Provinzen zu halten. Ende 2014 bekämpften sich zwei Parallelregierungen mit eigenen Parlamenten in Tripolis und in Tobruk; hinter der in Tripolis stand die Miliz der Stadt Misrata, hinter der in Tobruk jene aus Zintan. Vordergründig sind die Einwohner aus Misrata eher islamistisch und die aus Zintan eher säkular.

Bei den Milizen, die Libyen fest im Griff haben, verschmelzen wirtschaftliche und politische Interessen. Die Milizen bilden um Händlergruppen kleine Volkswirtschaften, die Arbeitsplätze schaffen und physische Sicherheit versprechen. Seit dem Sturz Gaddafis haben sich die Milizen aus Misrata und aus Zintan als die mächtigsten durchgesetzt. Die Misratis kontrollieren den Seehandel, und damit den Import billiger chinesischer Waren und den Export von Erdöl. Die Händler aus Zintan kontrollieren wiederum den Handel mit Afrika, also den Schmuggel von Drogen, Waffen und Menschen. Auf der Seite der eher säkularen Regierung von Tobruk kämpft General Khalifa Haftar, der unter Gaddafi Karriere gemacht hatte, seit 1990 aber in den Vereinigten Staaten im Asyl lebte, mit Unterstützung Ägyptens und der Vereinigten Arabischen Emirate gegen islamistische Milizen und die Parallelregierung in Tripolis.

Die Zentralregierung kontrolliert auch im Jemen nicht mehr das Land. Die lange unterdrückte Religionsgemeinschaft der Houthis, die den Schiiten zugerechnet wird, hat im Herbst 2014 die Herrschaft über die Hauptstadt Sanaa übernommen. Die traditionellen Stämme, die sich noch nie einer Zentralregierung gebeugt haben, bauen in den Provinzen unterdessen ihre Macht aus, und die Terrorgruppe »al-Qaida auf der Arabischen Halbinsel« kontrolliert mit Unterstützung der lokalen Bevölkerung mehrere Provinzen; im Südjemen, der ehemaligen »Volksdemokratischen Republik Jemen«, erstarken um die Hafenstadt Aden die Sezessionisten.

In Syrien und im Irak hingegen verlaufen die Bruchstellen entlang konfessioneller und bei den Kurden ethnischer Grenzen. Jede Gruppe setzt sich im Nachbarland fort. Fiele Syrien auseinander, würde der Irak folgen. Beide Staaten waren künstliche, von den Kolonialmächten geschaffene Gebilde. Auf dem Boden der alten »Arabischen Republik Syrien« haben sich vier Entitäten etabliert: das Regime in Damaskus kontrolliert die Achse von Damaskus nach Aleppo und entlang der Mittelmeerküste; die verbündete Hizbullah ist entlang weiten Teilen der Grenze zum Libanon präsent. Die Kurden werden im Norden Syriens ihre neue Autonomie nicht mehr aufgeben; Kurden leben auch in den Nachbarstaaten Türkei und dem Irak. Die moderaten Rebellen halten einige Gebiete südlich von Damaskus und um Aleppo; wie lange in der Geschichte orientiert sich Aleppo wieder nach Norden zur heute in der Türkei liegenden Stadt Gaziantep. Der IS wiederum erstreckt sich auf jeweils einem Drittel Syriens und des Iraks; er ist neben dem Regime der zweite große Akteur.

In Syrien gedeihen wie in anderen Staaten, die sich in Auflösung befinden, auch Hunderte von Warlords. Je länger der Krieg dauert, desto dauerhafter etablieren sie sich als lokale Herrscher. Sie leben von der Kriegswirtschaft und haben an einer friedlichen Ordnung kein Interesse. Wenn es Vorteile bringt, wechseln sie die Allianzen. Es wird schwierig werden, sie in neue staatliche Strukturen einzubinden.

Wie ein Hort der Stabilität erscheinen hingegen die sechs Monarchien, die sich im Golfkooperationsrat (GCC) zusammengeschlossen haben. Sie können noch länger als ein Jahrzehnt stabil sein. Danach reichen die Öleinnahmen nicht mehr, um sich die Loyalität der Bevölkerung weiter zu erkaufen. Die Menschen werden dann Steuern zahlen – und politische Partizipation einfordern. Noch aber sind sie dankbar für die Stabilität.

Islam: Tyrannei ist besser als Anarchie

Der Staatszerfall ist umso erstaunlicher, als es den Muslimen aufgetragen ist, in Staaten zu leben. Muhammad, der Prophet des Islams, hatte selbst dazu den Grundstein gelegt. Als er 622 von Mekka nach Medina auswanderte, gründete er dort ein Gemeinwesen und leitete es. Er erließ die Gemeindeordnung von Medina, die den Muslimen als Gründungsdokument der Staatlichkeit im Islam gilt; sie gilt den Muslimen als Inbegriff einer »guten Ordnung«. Dazu bilden die Unrechtsstaaten der Gegenwart in den Augen vieler Muslime den Gegensatz.

Für die Muslime war der Staat ein Geschenk Allahs. Seine wichtigste Aufgabe sollte sein sicherzustellen, dass jeder Muslim ungehindert seine Religion praktizieren könne. Fortan war es die wichtigste Aufgabe eines Herrschers, ob Kalif oder Sultan, Staatlichkeit zu erhalten. Dabei hatten sie einen großen Spielraum, diesen Staat zu gestalten. Die politischen Ordnungsvorstellungen im Islam sahen vom 8. Jahrhundert an den Staat (*daula*) als die gottgegebene politische Ordnung an, nicht eine Monarchie (*mamlaka*) und nicht eine Republik (*jumhuriya*). *Daula* heißt ursprünglich »Wechsel« und »Umschwung der Zeit«. In diesen Umschwüngen, so eine Auslegung von Koran 3:140, lerne Allah die Gläubigen kennen. In der Übersetzung von Friedrich Rückert lautet der Vers: »Denn diese Siegestage lassen / Wir wechselschwanken zwischen den Menschen, / Auch dass Gott kennenlerne, die da glauben.« Diese Vorstellung lässt Dynastien zu, die im Wechsel an der Reihe sind. Sich darauf berufend suggeriert der Führer des IS, Abu Bakr al-Baghdadi, dass nun seine Zeit gekommen sei. Der IS verspricht in einer Welt, in der Staatlichkeit zerbröselt, ein Staat zu sein, dazu ein islamischer.

Die traditionelle sunnitisch-islamische Theologie geht sogar so weit zu sagen, ein Leben unter einem Tyrannen sei einem Leben in der Anarchie vorzuziehen. Ibn Taimiyyah, der 1328 in einem Damaszener Gefängnis starb und als einer der bedeutendsten islamischen Theologen überhaupt gilt, aber auch als einer der geistigen Väter der salafistisch-fundamentalistischen Bewegung der Gegenwart, nahm in sein Hauptwerk ›al-Siyasa al-shariya‹ (Die auf der Scharia beruhende Staatslenkung) eine zentrale Aussage des Ahmad Ibn Hanbal (780 bis 855) auf, des Gründers einer der vier islamischen Rechtsschulen: »Sechzig Jahre unter einem Tyrannen sind besser als eine Nacht der Anarchie.« Ibn Taimiyyah erkannte damit an, dass die Muslime einer Regierung bedürfen – in welcher Form auch immer –, um die rituellen Vorschriften des Islams erfüllen zu können. Solange ein Herrscher die Grundvorschriften legitimer Herrschaft befolgt, sei eine völlige Opposition gegen ihn mit dem Ziel seines Sturzes nicht mit der Religion vereinbar, lehrte Ibn Taimiyyah.

In dieser Ordnung durften Minderheiten so lange Schutz beanspruchen und eigene Institutionen führen, wie sie die islamische Herrschaft nicht infrage stellten. In der islamischen Welt hatte dieses Modell 1400 Jahre funktioniert. Nirgends auf der Welt und in der Geschichte der Menschheit hatte es je eine solche Dichte von religiösen Minderheiten gegeben wie in Syrien und im Irak; sie überlebten mehr nebeneinander als miteinander. In dem Kulturraum lebten neben den beiden wichtigsten islamischen Gruppen, den Sunniten und Schiiten, auch Alawiten, Ismailiten und Drusen; nirgendwo sonst gab es eine solche Vielfalt an Christen, mit allen Kirchen des Ostchristentums, mit orthodoxen und auch den lateinischen Kirchen des Westens; zudem überlebten Minderheiten wie die Sabäer, Yeziden und Schabak. Das alles hatte 1400 Jahre Bestand. Im Sommer 2014 wurde die einzigartige Vielfalt ausgelöscht. Und Staaten lösten sich auf, obwohl es einem Muslim ja aufgetragen ist, in einem Staat zu leben.

Staatlichkeit erodiert, Ordnungsmächte sind nicht in Sicht, auch nicht eine neue, heilsversprechende Ideologie. Offenbar wiegen für viele Muslime die Defizite der Staaten – keine Friedensordnung zu sein sowie nicht Stifter von Solidarität und sozialer Gerechtigkeit – gravierender als das Gebot, das Leben unter einem Tyrannen der Anarchie vorzuziehen. Löst sich ein Staat auf, bekommen Konfessionen eine Bedeutung und einen Sinn, die sie zuvor nicht hatten: Diese sozialen Milieus, in denen solidarische Beziehungen selbstverständlich sind, werden dann der alleinige Bezugsrahmen für die Menschen; sie leben dann in einer konfessionellen Bekenntnisordnung, die von einem Konsens der Bevölkerung getragen wird.

Damit kehrt der Islam zu seinem ursprünglichen Anspruch zurück, alle ethnischen und Stammesgrenzen zu überwinden. Damit lehnt er auch nationale Identitäten und Nationalstaaten ab. Mit diesem Ansatz beschleunigt er dort, wo Religionsgelehrte nicht wie in Ägypten in die Machtpyramide kooptiert sind, den Zerfall der gescheiterten Nationalstaaten. Der Islam setzt an die Stelle des Völkerrechts die Scharia. Wenn sie gilt, wird aus einem Staat ein islamischer.

Diktatur oder Bürgerkrieg

Konterrevolution: Ägypten und die Golfstaaten

Tunesien ist das einzige arabische Land, dem der Übergang in eine funktionierende liberale Demokratie gelungen ist. Die Voraussetzungen dazu waren günstig: Die kleine Armee war nie an politischer Macht interessiert, der repressive Sicherheitsapparat löste sich in den Wirren des Jahres 2011 auf, und beide Lager, Säkulare und Islamisten, sind jeweils so groß, dass keiner ohne den anderen regieren kann. Hinzu kam die Einsicht der Reformer, die Erneuerung aus dem alten Regime heraus einzuleiten. Das führte auf den Königsweg für eine neue legitime staatliche Ordnung.

Ägypten gelang das nicht. Das Militär ist seit 1952 der dominierende Akteur der Politik, und jedes Lager glaubte, allein regieren zu können: die Islamisten durch Wahlen, die Säkularen mit der Armee. Als die Muslimbrüder eine Wahl nach der anderen gewannen, schritten die Säkularen am 3. Juli 2013 zum Putsch. Zu einem Konsens sind die zwei Lager nicht bereit und nicht in der Lage. Erst haben die Muslimbrüder eine Verfassung geschrieben, die den Islam betonte; nach dem Putsch ließ die Armee eine neue schreiben, die wieder den Primat des Sicherheitsapparats festschreibt.

In Ägypten geht es nur vordergründig um einen Kampf zwischen Islamisten und Säkularen. Immer hatte am Nil der Staat den Wohlstand verteilt. Seit 1952 stellt die Armee die Staatselite. Wer wie die Muslimbrüder ausgeschlossen war, wollte auch endlich einmal an die Fleischtöpfe; wer aber einmal an der Macht ist, verteidigt entschlossen seine Renteneinkommen. In der Ära Mubarak haben drei große Gruppen die Staatselite gebildet: die Armee, die bis zu 40 Prozent der Wirtschaft kontrollierte; der Sicherheitsapparat, der die »Straße« kontrollierte, also den öffentlichen Raum; die Staatspartei NDP, die den Großteil der nicht von der Armee kontrollierten Wirtschaft unter Günstlingen aufteilte.

Dann kamen die Muslimbrüder. Sie gewannen 2012 zwar die Wahlen zu einem Parlament und für einen neuen Präsidenten; in der Regierung scheiterten sie aber. Sie versuchten, mit einem majoritären Politikverständnis zu regieren, dass also durchregieren darf, wer eine Wahl gewonnen hat. Sie wurden aber auch Opfer der Obstruktionspolitik der alten Elite. So sorgte die Justiz dafür, dass alle gewählten Organe, in denen die Muslimbrüder eine Mehrheit hatten, rasch aufgelöst wurden, und die Netzwerke der Staatselite stellten sicher, dass Kraftwerke abgeschaltet wurden, keine Ölprodukte verteilt wurden und Versorgungslücken entstanden.

Gescheitert sind die Muslimbrüder jedoch vor allem an sich selbst. In den 18 Tagen der Revolution in den Monaten Januar und Februar 2011 hatten sie den Eindruck vermieden, dass sie bei den Protesten gegen das Regime Mubarak schon bald eine dominierende Kraft waren. Sie nutzten nach Mubaraks Sturz jedoch nicht die Chance, die Führung für einen inklusiven demokratischen Übergang zu übernehmen, an dem auch die säkularen Aktivisten der Proteste und Vertreter des alten Regimes beteiligt gewesen wären. Eine Beteiligung aller am Übergang hätte die Vielfalt der ägyptischen Gesellschaft abbilden und neue, allgemein akzeptierte politische Spielregeln schaffen können. Das geschah nicht. Denn die Muslimbrüder interpretierten ihre Wahlsiege als ein Mandat, nun ihr Programm zu verwirklichen. Dabei stießen sie die anderen Akteure vor den Kopf, anstatt sie als Verbündete zu gewinnen. In der einjährigen Präsidentschaft von Muhammad Mursi entwickelten sie zudem keine Wirtschaftspolitik, die die dringend erforderlichen Strukturreformen angestoßen und Arbeitsplätze geschaffen hätte.

Ägypten hatte nach dem Sturz Mubaraks die Chance, den Weg der Türkei einzuschlagen – mit Islamisten, die zur Mäßigung finden, und einer Wirtschaft, die wächst. Stattdessen befindet sich das Land heute auf dem Weg Pakistans – mit einer allmächtigen Armee, einer darniederliegenden Wirtschaft und einer sich radikalisierenden Bevölkerung. Mit dem Putsch vom 3. Juli 2013 sind die alte Elite und der alte Polizeistaat zurück. Der Putsch war blutig; bei der Räumung von zwei Protestlagern der Muslimbrüder wurden mehr als tausend Menschen getötet.

Eine nationale Aussöhnung ist in weite Ferne gerückt, die Gräben in der ägyptischen Gesellschaft sind tief wie nie. Die Ursachen, die zur Eruption des Jahres 2011 geführt haben, bestehen jedoch weiter. Der Putschgeneral Abd al-Fattah al-Sisi, der sich im Mai 2014 zum Präsidenten wählen ließ, hat jedoch ebenfalls kein Reformprogramm, um Ägypten aus seinen vielen Krisen herauszuführen. Stattdessen greift die Regierung wieder zur Repression. Die Muslimbrüder sehen sich der brutalsten Verhaftungswelle seit einem halben Jahrhundert ausgesetzt. Verhaftet wurden auch die Aktivisten der Proteste von 2011. Konsequent war daher, dass ein Gericht am 29. November 2014 Mubarak von allen Anklagen freigesprochen hat. Mubarak war wegen des Todes von mehr als 800 Demonstranten während der 18 Tage dauernden Proteste Anfang 2011 und wegen Korruptionsverdachts angeklagt gewesen.

Überlebensfähig ist der neue ägyptische Staat nicht. So brütet der Sicherheitsstaat eine neue Generation von islamistischen Extremisten heran, die Regierung erzeugt damit den Extremismus, den die westlichen Staaten bekämpfen. Bereits in den 1950er-Jahren hatten sich in den Gefängnissen Nassers Islamisten radikalisiert und wurden wenig später der Kern der ersten Generation von al-Qaida. Die auf dem Sinai tätige Terrorgruppe Ansar Bait al-Maqdis hat sich offiziell dem »Islamischen Staat« angeschlossen; sie haben in den 18 Monaten seit dem Putsch auf dem Sinai Hunderte Mitglieder der Sicherheitskräfte getötet. Da auch die gemäßigten Islamisten erkennen müssen, dass die Demokratie abgeschafft wird, wenn sie gewinnen, und sie aus der Politik vertrieben werden, besteht zudem die Gefahr, dass auch sie zur Gewalt greifen.

Auch wirtschaftlich ist dieser ägyptische Staat nicht überlebensfähig. Denn auch die neuen Machthaber sind nicht zu radikalen Strukturreformen bereit. Die Energiesubventionen, die der Staat auszahlt, sind größer als die Gewinne, die alle Unternehmen erwirtschaften. Überleben kann dieser Staat nur, solange die Golfstaaten mit Milliarden Petrodollars die Implosion der ägyptischen Wirtschaft verhindern.

Gestorben ist das demokratische Experiment, weil es nicht im Interesse der alten und wieder neuen Elite war. Die Vereinigten Staaten haben sich jedoch mit dem Putsch abgefunden. Erst nannten sie den Putsch noch beim Namen, dann gewannen realpolitische Argumente die Oberhand. Denn die neuen Machthaber in Kairo arbeiten so eng mit Israel zusammen wie keine frühere ägyptische Regierung; zudem ist Washington auf das ägyptische Wohlverhalten angewiesen, wenn Schiffe der Marine den Suezkanal passieren sollen. Die Vereinigten Staaten haben kein Interesse daran, dass in Ägypten nicht nur das Regime kollabieren könnte, sondern auch der Staat.

Wichtiger als eine amerikanische Unterstützung ist für das Regime von Präsident Sisi, der einmal Militärattaché an der ägyptischen Botschaft in Riad war, aber die politische und wirtschaftliche Unterstützung durch die Golfstaaten. Vor allem Saudi-Arabien und die Vereinigten Arabischen Emirate hatten das demokratische Experiment der Muslimbrüder in Ägypten mit Sorge verfolgt. Die transnationale Ideologie der Muslimbruderschaft hätte bei einem Erfolg in Ägypten auch in den Golfmonarchien zu einer Alternative werden und die Legitimation der Herrscherhäuser infrage stellen können. Die Vereinigten Arabischen Emirate bezeichnen die Muslimbruderschaft sogar als eine größere Gefahr als Iran. Daher hatten Saudi-Arabien und die Vereinigten Arabischen Emirate in Ägypten dem alten Regime massiv unter die Arme gegriffen, um zurück an die Macht zu gelangen. Nach dem Putsch gewährten sie umgehend großzügige Finanzhilfen. Der saudische König schrieb in einem Glückwunschtelegramm, die ägyptische Armee habe das Land »aus einem schwarzen Tunnel gerettet und befreit«.

Weder in Saudi-Arabien noch in einem anderen Land des Golfkooperationsrats drohen, anders als im Jemen, zentrifugale Kräfte. Das nach einer Familie benannte Königreich kommt auf dem Weg von einer Stammesgesellschaft zu einem modernen Staat gut voran. Auch wirtschaftlich ist die Arabische Halbinsel, wieder den Jemen ausgenommen, von den Umwälzungen im Rest der arabischen Welt wenig betroffen. Dubai floriert wie eh und je, die saudische Wirtschaft ist eine Wachstumslokomotive, Qatar kann sich vor Reichtum kaum retten. Das ist das neue Arabien, das sich vom alten Arabien in Kairo, Damaskus und Bagdad absetzt.

Und doch wäre es eine Illusion anzunehmen, die Golfstaaten blieben von diesen Umwälzungen unberührt. Auch die reichen Golfmonarchien werden sich von innen heraus verändern, aber langsamer. Denn sie machen eines richtig: Sie investieren viel in die Bildung und in das Gesundheitswesen. Das wollen die Menschen mehr als eine parlamentarische Demokratie. Solange es ihnen gut geht, begehren sie nicht auf. Zudem brauchen die führenden Familien zur Legitimation ihrer Herrschaft auch keine Demokratie. Denn in Gemeinschaften, die von Stämmen geprägt werden, werden als Führer jene akzeptiert, denen die Menschen zutrauen, dass sie gerecht handeln und eine gute Regierungsführung praktizieren. Ist das sichergestellt, begehrt niemand auf. Die Proteste in Bahrain haben damit zu tun, dass die schiitische Mehrheit dem sunnitischen König kein gerechtes Handeln und keine gute Regierungsführung bescheinigt. Die Golfstaaten werden sich aber verändern, weil die personalen Mechanismen einer tribalen Gemeinschaft nicht mehr ausreichen, wenn die Gesellschaft groß und komplex wird. Um die Partizipation aller sicherzustellen, wird es dann neuer Instrumente bedürfen.

Gefahren bleiben. Denn die Regierungen haben den Spielraum ihrer Wohlfahrtsstaaten ausgeschöpft. Um Zeit zu gewinnen, sind sie zum Hort der Konterrevolution geworden. Die steigenden Erwartungen der Menschen an den Staat sind aber bei einem niedrigen Ölpreis nicht länger zu finanzieren. Die Regierungen selbst hatten diese Erwartungen angehoben, als sie sich im Jahr 2011 mit neuen Wohltaten die Loyalität ihrer Bevölkerung erkauft haben. In Saudi-Arabien haben sich diese zusätzlichen Wohltaten auf ein Viertel des Bruttoinlandsprodukts addiert.

Denn das verunsicherte Saudi-Arabien führt Krieg an drei Fronten: gegen die Muslimbrüder, gegen Iran und gegen al-Qaida. Der Krieg gegen al-Qaida findet vor allem im eigenen Land statt. Um die beiden anderen Ziele zu erreichen, die Schwächung der Muslimbrüder und Irans, mischt sich das Königreich massiv in die Belange anderer Länder ein: In Ägypten war es an der Wiederherstellung der alten Ordnung beteiligt, und in Syrien ist dem Königreich für einen Regimewechsel alles recht. Denn es will das Regime Assad, einen Verbündeten Irans, stürzen und durch eine gefügige sunnitische Regierung ersetzen.

Bürgerkrieg: die syrische Katastrophe

In Syrien hatte die Verhaftung von 15 Kindern am 6. März 2011 in Daraa, an der Grenze zu Jordanien, die Proteste ausgelöst. Die Kinder hatten regimekritische Graffiti an Häuserwände geschrieben. Es hatte bereits zuvor am 26. Januar 2011 in Damaskus eine kleine Kundgebung gegeben. Erst die Verhaftung der Kinder von Daraa führte jedoch zu großen Demonstrationen, zunächst in Daraa selbst und vom 15. März an auch in Damaskus, Aleppo, Hama, Deir al-Zor und Hassakeh. An jenem Tag wurden in ganz Syrien mehr als 3000 Menschen verhaftet. In den Wochen danach wurde Homs, die drittgrößte Stadt Syriens, Zentrum der Proteste. Am 18. April forderten mehr als 100.000 Demonstranten auf dem zentralen Platz von Homs den Rücktritt von Präsident Baschar al-Assad.

Der Sicherheitsapparat der Regierung reagierte mit einer wachsenden Repression gegen die sich ausweitenden, aber weiter friedlichen Proteste. Als Einheiten der Armee am 31. Juli in mehrere Städte einrückten, wurden 136 Menschen getötet, so viele wie an keinem Tag zuvor. Die Stelle der Aktivisten nahmen zunehmend bewaffnete Einheiten ein, die Freie Syrische Armee wurde gegründet; im Dezember eroberte sie in Homs den Stadtteil Baba Amr. Von nun an eskalierte in den Provinzen Homs und Idlib die Gewalt zwischen dem Regime und der nun ebenfalls bewaffneten Opposition.

Der einsetzende Bürgerkrieg hätte vermieden werden können, hätte Assad auf die ersten Proteste mit Reformen geantwortet. Noch hatte niemand zu jenem Zeitpunkt seinen Rücktritt gefordert. Die Demonstranten forderten lediglich, der Willkür der Sicherheitskräfte im Polizeistaat Syrien Einhalt zu gebieten und die Korruption zu bekämpfen; sie wollten gleiche Chancen und Gerechtigkeit. Die meisten Syrer machten für die Missstände nicht Assad verantwortlich, sondern Mächtige an der Spitze des Staats. Assad, der im Jahr 2000 seinem Vater Hafez al-Assad als Präsident gefolgt war und sich nicht gegen die Hardliner hatte durchsetzen können, hatte bereits in seinen ersten Jahren als Präsident die Gelegenheit verstreichen lassen, mit der bürgerlichen Opposition ins Gespräch zu kommen.

Baschar al-Assad ließ sich im Frühjahr 2011 aus zwei Gründen nicht auf eine politische Lösung mit den Demonstranten ein, sondern folgte dem Beispiel seines Vaters, der 1982 in Hama einen Aufstand der Muslimbruderschaft niederwalzen ließ. Zum einen wurde im Januar 2011 der tunesische Präsident Ben Ali zur Abdankung gezwungen und vier Wochen später der ägyptische Präsident Mubarak; Assad wollte nicht der nächste sein. Zum anderen hatte Assad in der Bevölkerung stets einen größeren Rückhalt als viele andere Machthaber in der Region. Die meisten Angehörigen der Minderheiten – wie der Alawiten, denen Assad angehört, der Christen, Drusen und Ismailiten – sahen und sehen in Assad den Garanten für eine säkulare Ordnung, die ihr Überleben sichert. Damit steht bereits ein Drittel hinter Assad; aber auch ein nicht unerheblicher Teil der sunnitischen urbanen Mittelschicht steht zu Assad. Der fühlte sich dadurch stark genug, gegen die Proteste vorzugehen.

Alle Warnungen, dass die Stabilität Syriens nicht gefährdet werden dürfe, weil sonst die Büchse der Pandora geöffnet werde, haben nicht gefruchtet. Der Konflikt in Syrien ist vielschichtiger als der in Ägypten, da die syrische Gesellschaft komplexer ist. Ägypter haben eine ägyptische Identität, auch die Kopten fühlen sich als Ägypter. Ein Syrer kann aber viele Identitäten haben. Denn wenige Länder haben eine konfessionelle Vielfalt wie Syrien. Neben Arabern gibt es eine bedeutende kurdische Minderheit, in den Provinzen leben einflussreiche Stämme, der Gegensatz von Stadt und Land ist ausgeprägt. Die nichtsunnitischen Minderheiten stellen in den Städten einen hohen Anteil der Elite, ein sunnitisches Prekariat ist in den vergangenen Jahrzehnten aber in illegalen Siedlungen um die großen Städte entstanden. Von dort sind die Proteste ausgegangen, so wie früher alle Revolutionen Syriens vom Land ausgegangen waren.

Jede dieser Gruppen hat einen Patron im Ausland, und diese Schutzmächte haben sich noch 2011 in den Konflikt eingemischt – Saudi-Arabien als die Schutzmacht der Sunniten, Iran als die der Schiiten, zu denen auch die Alawiten gehören. Die großen arabischen Stämme wie die Schammar leben über die Grenzen hinweg auch im Irak und in Saudi-Arabien, Kurden leben in zwei Nachbarstaaten, die Drusen haben Verwandte im Libanon. Mit ihrem Eingreifen von Ende 2011 an schürten die Schutzmächte die Konfessionalisierung des Konflikts. Seither liefern sich Saudi-Arabien und Iran in Syrien einen Stellvertreterkrieg. Saudi-Arabien konnte, unterstützt durch Qatar und die Türkei, aber nicht den erhofften raschen Sturz Assads bewirken; Iran verhinderte diesen, unterstützt durch die libanesische Hizbullah, auch durch russische Waffen.

Bestätigt hat sich die Erkenntnis, dass ein Aufstand andauert, wenn er einige Monate überlebt hat; und dass eine Regierung, wenn sie den Aufstand mehr als ein Jahr überlebt hat, nicht mehr zu stürzen ist. Die bewaffneten Rebellen hatten Ende 2012 noch einmal kurz die Oberhand, selbst die Eroberung von Damaskus war nicht mehr ausgeschlossen. Das Regime gewann aber verlorenes Territorium zurück. Von der ersten Jahreshälfte 2013 an bestand ein Patt; es schloss aus, dass ein Lager das andere militärisch besiegen konnte. Noch immer finden jeden Tag irgendwo Geländegewinne für eine Partei statt; am großen Tableau ändert das nichts. So verändern sich die großen Konfliktlinien kaum mehr. Bereinigungen finden innerhalb des Territoriums der Rebellen statt. Dabei hat die gemäßigte Freie Syrische Armee zunächst Terrain an islamistische Gruppen verloren, die ihrerseits später von extremistischen Gruppen – wie der Nusra-Front und dem IS – vertrieben wurden und werden.

Die Verschiebung hin zu extremistischen Islamisten zeigt sich auch bei den vier Gruppen der Rebellen. Die erste – und später kleinste – Gruppe waren die säkularen Demokraten, unter ihnen die Aktivisten aus Homs, die einen modernen säkularen Staat wollten; sie wurden nach einer kurzen Zeit fast irrelevant. Das sunnitische Stadtbürgertum stellte die zweite Gruppe; mit der

Unterstützung von Qatar und der Türkei dominierten sie lange die Exilopposition. Die Salafisten stellten jedoch mit der einsetzenden Bewaffnung der Opposition bereits von Ende 2011 an eine Mehrheit. Sie rekrutierten sich aus den Armutsgürteln um die Großstädte, in die die sunnitischen Familien aus den Provinzen geschwemmt worden waren. Salafistische Prediger wie Adnan al-Arur, der 1982 aus seiner Heimatstadt Hama nach Saudi-Arabien floh und seither dort lebt, haben auf sie großen Einfluss. Bei den Jugendlichen dieser Gruppe ist die Akzeptanz der Gewalt größer als bei den sunnitischen Städtern; sie schlossen sich islamistischen Milizen an. Ausländische Jihadisten, die seit Anfang 2012 nach Syrien strömen, stellen die vierte Gruppe. Syrien wurde für sie, wie zuvor Afghanistan und Bosnien, zu einem Magnet. Ihr Ziel war von Anfang an weniger der Krieg gegen das Regime Assad als die Errichtung eines »Islamischen Staats«.

Die Freie Syrische Armee hatte noch 2011 gehofft, dass ihr der Westen mit Luftschlägen wie in Libyen den Weg zu einem Regimewechsel ebnen werde. Ohne eine Unterstützung aus der Luft hatten die gemäßigten Rebellen aber keine Chance, und so wurden islamistische Milizen für neue Rekruten attraktiver. Den Todesstoß versetzte der Freien Syrischen Armee, als am 7. Dezember 2013 islamistische Milizen ihr Lager mit den Waffen, die die internationale Koalition gegen Assad geliefert hatte, bei Bab al-Hawwa plünderten und der IS ihr Hauptquartier angriff. Als Folge wurde deren Generalstabschef Selim Idriss abgesetzt und die »Freunde Syriens«, ein Zusammenschluss von elf Ländern, unter ihnen Deutschland, stellten die direkten Lieferungen von Waffen an die Freie Syrische Armee ein. Spannungen zwischen Saudi-Arabien und Qatar hatten zudem zu einer vorübergehenden Spaltung des Zusammenschlusses der Exilopposition, der »Syrischen Nationalen Koalition«, geführt, bis sich Saudi-Arabien durchgesetzt hat und Ahmad Jarba, ein Mitglied des Stammes der Schammar, im Juli 2013 zum Vorsitzenden der Koalition gewählt wurde. Nach Jarbas Wahl gab der von Qatar unterstützte

Ministerpräsident der Exilregierung, Ghasan Hitto, auf. Ein Jahr später warf Jarba jedoch bereits das Handtuch.

In Syrien vermischen sich drei Konfliktebenen. Vermutlich hätte der Konflikt beigelegt werden können, wäre es bei der Auseinandersetzung zwischen dem Regime und den Demonstranten geblieben. Der lokale Auslöser ist längst in den Hintergrund getreten. Ein zerstörerischer Wettstreit um die regionale Vormachtstellung zwischen Saudi-Arabien und Iran überlagert jedoch die lokale Ebene, hinzu kommen die globalen Interessen Amerikas und Russlands.

Saudi-Arabien will Syrien in das »arabische Lager« zurückführen und dazu in Damaskus eine sunnitische Regierung installieren; Iran will hingegen ein Wegbrechen seiner schiitischen Achse in der arabischen Welt verhindern und Assad verteidigen. Im Vordergrund stehen strategische Interessen, persönliche Animositäten spielen aber auch eine Rolle. Assad hatte den saudischen König Abdullah im Sommer 2006 nach dem Krieg zwischen Israel und der Hizbullah wegen dessen ausgebliebener Hilfestellung für die Hizbullah einen »halben Mann« genannt und damit schwer beleidigt. Auch gab der türkische Ministerpräsident und spätere Staatspräsident Tayyip Erdoğan seine Männerfreundschaft mit Assad auf. Um Assad zu stürzen, war Saudi-Arabien und der Türkei jedes Mittel recht. Assad wiederum hatte Qatar brüskiert, als er mit Rücksicht auf Russlands Interessen den Wunsch des qatarischen Emirs ablehnte, eine Gaspipeline durch Syrien Richtung Europa zu bauen.

Auf eine einheitliche Strategie in Syrien konnten sich Saudi-Arabien, Qatar und die Türkei nie einigen; jeder unterstützte andere Oppositionsgruppen und Milizen, und unter diesen setzten Kämpfe um die Vorherrschaft ein, bis innerhalb der Rebellen jeder gegen jeden zu kämpfen schien. Assad argumentierte nun, er verteidige die Souveränität Syriens gegen ausländische Kämpfer. Auf der Syrien-Konferenz in Montreux warf am 23. Januar 2014 der syrische Außenminister Walid Muallim Saudi-Arabien und Qatar vor, erst ihre Söldner hätten den Krieg nach Syrien gebracht. Darauf erwiderte der aufgebrachte saudische Außenminister Saud al-Faisal, das syrische Regime bediene sich ja der Söldner Irans und der Hizbullah.

Saudi-Arabien hatte erwartet, dass der Aufstand gegen Assad rasch beendet sein werde. Bandar bin Sultan bin Abd al-Aziz Al Saud, der von Juli 2012 bis April 2014 als Geheimdienstchef die Syrienpolitik koordiniert hatte, äußerte 2011, der Konflikt werde keine sechs Wochen dauern. Die Saudis wollten früh mitmischen, um bei der Gestaltung der Zeit nach Assad beteiligt zu sein. Als die Prognosen über Assads bevorstehenden Sturz wiederholt revidiert werden mussten, intensivierte Bandar die saudischen Bestrebungen. Saudi-Arabien unterstützte nun die beiden größten islamistischen Milizen *Ahrar al-Sham* (Die Freien Syriens) unter Führung von Hassan Abboud und die *Jaish al-Islam* (Die Armee des Islams) des Salafistenführers Zahran Allush. Beide werden zum Umfeld von al-Qaida gerechnet, sind aber offiziell nie Teil des Terrornetzwerks gewesen; Abbouds Mentor war Abu Khalid al-Suri, einer der bekanntesten Führer von al-Qaida. Im Herbst 2013 führte Bandar die *Ahrar al-Sham* und die *Jaish al-Islam* zur »Islamischen Front« zusammen, die mehr als 50.000 Mann unter Waffen hatte und in ihrer Charta vom 22. November 2013 – unabhängig von al-Qaida und Abu Bakr al-Baghdadi – die Bildung eines »Islamischen Staats« als Ziel ausgab.

Die »Islamische Front« war zum damaligen Zeitpunkt etwa doppelt so groß wie die Nusra-Front, der offizielle Ableger von al-Qaida unter Führung von Muhammad al-Jaulani, und der »Islamische Staat im Irak und in Großsyrien« von Abu Bakr al-Baghdadi zusammen. Die Nusra-Front und Baghdadi hatten Anfang 2014 einen Bruderkrieg begonnen. Dabei wurde bekannt, dass Panzerabwehrwaffen, die Saudi-Arabien in Kroatien für die Rebellen erworben hatte, bei der Nusra-Front gelandet waren. Ein entscheidender Schlag gelang dem IS mit der Ermordung des Führers der »Islamischen Front«, Hassan Abboud, am 9. September 2014 durch einen Bombenanschlag. Viele von

Abbouds Kämpfern schlossen sich nun dem IS an. Der Prozess der stetigen Gewichtsverlagerung bei den Rebellen zu immer extremistischeren Gruppen war damit abgeschlossen.

Zu dem Zeitpunkt hatte Bandar seinen Posten als saudischer Geheimdienstchef bereits aufgeben müssen. König Abdullah ersetzte ihn im April 2014 durch Yusuf al-Idrissi. Bandar war zum Verhängnis geworden, dass die saudischen Lieferungen von Waffen und Geld, die für gemäßigte Islamisten vorgesehen waren, letztlich al-Qaida und den IS gestärkt haben, ohne dass Assad gestürzt worden wäre. Für die Koordination der saudischen Syrienpolitik war nun Innenminister Muhammad bin Nayef Al Saud zuständig. Er sieht die Syrienpolitik stärker als Bandar unter dem Blickwinkel der nach Saudi-Arabien zurückkehrenden Jihadisten.

Von Anfang an waren die ausländischen Waffenlieferungen an die Rebellen umstritten. Da der Westen grundsätzlich keine Waffen liefern wollte, übernahmen das Saudi-Arabien, Qatar und die Türkei; die »Freunde Syriens« beteiligten sich an der Finanzierung. In Syrien konnten die Rebellen jedoch bereits bald selbst Raketen zusammenbauen; aufgrund des staatlichen Vakuums war zudem ein großer Schwarzmarkt für Waffen entstanden. Da die westlichen Regierungen es ablehnten, direkt an die Freie Syrische Armee Waffen zu liefern, wurden die Geheimdienste der Länder eingeschaltet. Im Süden lieferten Jordanien und Saudi-Arabien Waffen; im Norden die Türkei und Qatar. Geliefert wurden zunächst Bestände alter Armeen, etwa aus Kroatien, wo es seit dem Bosnienkrieg iranische Waffen gab. Mit den damals gelieferten Waffen wäre es nicht möglich gewesen, weite Teile des Iraks zu erobern, sagen Experten. Die Nusra-Front erwarb dann aber, wie auch der IS, Waffen von Deserteuren und aus dem Bestand der syrischen Armee. Unter Bandar bin Sultan Al Saud lief die saudische Unterstützung für die Rebellen zunehmend aus dem Ruder; sie geriet außer Kontrolle, was zu seiner Absetzung führte. Zu spät kam die Einsicht, dass die Waffen nicht bei denen bleiben, für die sie gedacht waren. Libyen hätte eine Lehre sein können.

Libyen war in anderer Form für Russland bereits eine Lehre geworden, was zu einer Blockade auf der dritten Ebene, der globalen, geführt hat. Russland wollte in Syrien verhindern, dass der Westen abermals durch eine Einmischung von außen einen Regimewechsel herbeiführen und bestimmen würde, wer regieren darf. Zudem wollte sich Moskau als ein Verbündeter erweisen, der – anders als Amerika beim Fall Mubaraks – seinen Verbündeten auch in schwierigen Zeiten nicht fallen lässt. So blockierte Russland im Sicherheitsrat der Vereinten Nationen jegliches Vorgehen gegen Syrien. Mit zwei gemeinsamen Initiativen machten Russland und die Vereinigten Staaten aber ihre Bereitschaft deutlich, dass sie den außer Kontrolle geratenen Konflikt lösen wollen.

Auf Initiative der Außenminister John Kerry und Sergej Lawrow, die sie im Mai 2013 lancierten, begann am 22. Januar 2014 zunächst in Montreux, vom folgenden Tag an in Genf die »Genf II« genannte internationale Syrienkonferenz, zu der 25 Staaten eingeladen waren, auf ausdrücklichen Wunsch Saudi-Arabiens aber nicht Iran. Grundlage war das Communiqué der ersten Genfer Syrienkonferenz vom 30. Juni 2012, zu welcher der damalige Syrienbeauftragte der UN, Kofi Annan, eingeladen hatte. Der entscheidende Passus lautete, es solle eine Übergangsregierung mit exekutiven Vollmachten gebildet werden; jede der beiden syrischen Kriegsparteien habe ein Vetorecht zu den Personalvorschlägen der anderen Seite. Washington übernahm damals zwei Forderungen Moskaus: Assads Abgang war nicht länger Vorbedingung für den Übergangsprozess, die beiden syrischen Konfliktparteien wurden gleich behandelt.

In Genf gingen die Gespräche zwischen Vertretern der Regierung und der Rebellen am 15. Februar 2014 zu Ende, ohne dass der UN-Syrienbeauftragte Lakhdar Brahimi messbare Fortschritte oder eine Annäherung erzielt hätte. Die Quadratur des Kreises, die Vereinbarkeit sich ausschließender Maximalforderungen, ist ihm nicht gelungen. Brahimi warf beiden Seiten vor, nicht konstruktiv zu sein. Als Hauptschuldigen benannte er das

Regime. Vergeblich hatte Brahimi auf Assad eingewirkt, die Präsidentenwahl am 3. Juni 2014 zu verschieben, um die Wahl in ein Paket zu integrieren, zu dem auch eine Übergangsregierung gehören sollte. Brahimi trat frustriert zurück, und die Vereinten Nationen beriefen im Juli 2014 Staffan de Mistura zu seinem Nachfolger. Wie wenig das Regime zu Zugeständnissen bereit ist, zeigt die anhaltende Verhaftungswelle prominenter gemäßigter Oppositioneller, die eine Lösung am Verhandlungstisch anstreben. Verhaftet wurde etwa im November 2014 der Demokratie-Aktivist Louay Hussein, der die Organisation »Building the Syrian State« gegründet hatte, sich aber nicht der Exilopposition anschloss.

Der zweite Fall einer erfolgreichen amerikanisch-russischen Kooperation war die Zerstörung der syrischen Chemiewaffen. Vorausgegangen war ein Angriff mit Chemiewaffen, bei dem am 21. August 2013 in der Ghouta südlich von Damaskus nach amerikanischen Schätzungen 1400 Menschen getötet worden sind; andere Schätzungen liegen weit darunter. Zwei Tage zuvor waren UN-Inspekteure in Damaskus eingetroffen, die den Einsatz von Chemiewaffen im Bürgerkrieg untersuchen sollten. Um einen möglichen amerikanischen Angriff auf Syrien als Folge des Chemiewaffeneinsatzes abzuwenden, schlug der russische Außenminister Lawrow die Zerstörung aller syrischen Chemiewaffen vor; sein amerikanischer Kollege Kerry stimmte zu. Syrien trat der Organisation für das Verbot von chemischen Waffen (OPWC) bei. Die Anlagen zur Herstellung der Waffen wurden zerstört, am 23. Juni 2014 verließ die letzte Ladung mit Giftgasen Syrien.

Der Westen machte für den Angriff vom 21. August 2013 überwiegend das Regime verantwortlich. Denn die syrische Armee, die Anfang 2011 noch etwa 300.000 Mann unter Waffen hatte, konnte nicht einmal mehr ein Drittel von ihnen einsetzen; die anderen waren gefallen, verwundet, desertiert oder nicht loyal. Die Armee verzichtete daher zunehmend auf verlustreiche Bodenoffensiven; stattdessen warfen Hubschrauber Fassbomben ab, die Armee setzte Scud-Raketen ein und zu dem Zeitpunkt auch Giftgase. So soll die Rakete aus der Richtung gekommen sein, in der sich das Hauptquartier der Vierten Division befindet, die von Mahir al-Assad, einem Bruder des Präsidenten, kommandiert wird.

Der investigative amerikanische Journalist Seymour Hersh trug in zwei ausführlichen Artikeln Gegenargumente zusammen; er beruft sich dabei auf Quellen in den Regierungen und Geheimdiensten der Vereinigten Staaten und Großbritanniens. Einer seiner Kronzeugen war der renommierte amerikanische Waffenexperte Theodore Postol vom Massachusetts Institute of Technology. Postol hatte den UN-Untersuchungsbericht zum Giftgasangriff und die darin enthaltenen Fotos ausgewertet. Er habe ihm mitgeteilt, dass die verwendete Rakete eine Reichweite von höchstens 2 Kilometern gehabt haben könne, schreibt Hersh. Dann müsste die Rakete aus dem von den Rebellen gehaltenen Gebiet abgefeuert worden sein. Postol distanzierte sich jedoch von dieser Aussage und erklärte, die Reichweite habe 2,5 bis 3,5 Kilometer betragen. Dann wäre sie von einem Gebiet abgefeuert worden, das das Regime gehalten hatte. Nachgewiesen ist, dass islamistische Rebellen bei einem Angriff auf Stellungen des Regimes in Khan al-Asal nahe Aleppo am 19. März 2013 Giftgas eingesetzt und dabei 26 Soldaten getötet hatten. Zudem hielt sich im Sommer 2013 der Giftgasexperte des über Sarin verfügenden »Islamischen Staats im Irak«, Ziyad Tariq, ein ehemaliger Chemiewaffenexperte der irakischen Armee, in der Ghouta auf.

Die Verschränkung der drei Ebenen – lokal, regional und global – sowie die Vielschichtigkeit der syrischen Gesellschaft haben dem Konflikt eine Eigendynamik verliehen, die eine baldige Beendigung des Blutvergießens unrealistisch macht. Das Leid der Zivilbevölkerung ist unbeschreiblich. Mutmaßlich wurden bis Ende 2014 etwa 300.000 Menschen getötet, jeweils etwa ein Drittel Zivilisten, bewaffnete Rebellen und Angehörige der Sicherheitskräfte des Regimes. Jeder zweite Syrer wohnt nicht mehr in seinem Haus oder seiner Wohnung. Die Vereinten Nationen sprechen von der »größten humanitären Katastrophe der Gegenwart«. Die Katastrophe wird mit der Existenz des IS auf dem Boden Syriens und des Iraks noch größer.

Der anhaltende Zerfall Syriens bedroht auch fünf Nachbarstaaten und damit die gesamte Region. Der IS nutzt diesen Zerfallsprozess mit seinem Eroberungszug kaltblütig. Das stellt alte Gewissheiten auf den Kopf. So trafen sich am 20. Juni 2014 in Oslo erstmals Gesandte der amerikanischen und der syrischen Regierung; möglicherweise gab es jedoch bereits zuvor Kontakte. Nicht länger ist im Westen Assads Abgang oberste Priorität; zudem haben Saudi-Arabien und Iran nun einen gemeinsamen Feind bekommen: Jeder will verhindern, dass der IS an seine Grenzen gelangt. Im Irak aber ist der Konflikt zwischen den beiden Regionalmächten Saudi-Arabien und Iran für das Scheitern des demokratischen Experiments verantwortlich, das 2003 begonnen worden war, und damit auch für den Aufstieg des IS.

Das große Schlachtfeld

Gescheitert: der Irak

Die Vereinigten Staaten sind im März 2003 mit einer Begründung in den Krieg gegen den Irak gezogen, die sich später als unzutreffend erwiesen hat: Der Irak von Saddam Hussein besaß keine Massenvernichtungswaffen. Als falsch erwies sich auch die Annahme der Vereinigten Staaten, was dieser Krieg bewirken würde: Der Irak wurde keine stabile Demokratie und keine blühende Landschaft. Die Vereinigten Staaten übersahen vor allem eines: Der Irak und Iran hatten zwischen den sunnitischen und den schiitischen Muslimen eine Balance hergestellt. Unverhofft wurde Iran nun der größte Nutznießer vom Sturz Saddam Husseins; dabei hatten die Vereinigten Staaten ja seit 1979 alles getan, um Iran zu schwächen. Aufgrund der Invasion von 2003 tragen sie nun aber die Verantwortung dafür, dass sich der Einfluss des schiitischen Irans in die arabische, überwiegend sunnitische Welt ausgeweitet hat. Damit sind nun zwei der vier großen arabischen Staaten Verbündete Irans: Syrien unter Assad und seit 2003 auch der neue Irak, in dem die Schiiten eine Mehrheit stellen und das Land erstmals regieren. Aufgrund ihrer Fehler im Irak sollten sich die Amerikaner mit Kritik an ihren sunnitisch-arabischen Verbündeten zurückhalten, rät Anthony Cordesman, einer der führenden amerikanischen Nahostexperten.

Die amerikanischen Besatzer haben alle staatlichen Institutionen des Iraks aufgelöst. Die herrschenden Sunniten hatten sich in diesen Institutionen organisiert, nun hatten sie keine Basis mehr. Zwei Institutionen der Schiiten, die bisher lediglich im Untergrund existierten, wurden aber zur Grundlage der neuen schiitischen Macht: die moralische Autorität der schiitischen Ajatollahs und die Milizen, die die Herrschaft der schiitischen Parteien sicherten. Die Sunniten spielten in dem neuen Staat keine Rolle mehr und gingen ihrerseits in den Untergrund. Bei der Parlamentswahl im Januar 2005 wählten nur 2 Prozent der arabischen Sunniten. Al-Qaida nutzte die Sprachlosigkeit der Sunniten und startete eine Terrorwelle gegen die neuen schiitischen Machthaber in Bagdad. Eine Allianz aus sunnitischen Stämmen, die der Gewalt überdrüssig waren, und amerikanischen Einheiten besiegte in einer Operation, die *Sahwa* (Erweckung) genannt wurde, al-Qaida und beendete 2007 die erste Runde des irakischen Religionskriegs.

Danach war es an den Irakern, Fehler zu machen. Der Schiit Nuri al-Maliki, seit 2006 mit Zustimmung Teherans Ministerpräsident, drängte sunnitische Politiker aus der Politik, ließ sie aus fadenscheinigen Gründen verhaften und setzte seine Milizen ein, um sunnitische Proteste niederzuschlagen. Mehrere Tausend Sunniten sind ohne Gerichtsverfahren inhaftiert; zudem stellte er die Zahlungen an die sunnitischen Stammesmilizen ein, die 2007 al-Qaida besiegt hatten. Die letzte Eskalationsstufe setzte im Dezember 2012 ein, als in der Provinz Anbar Sitzstreiks begannen, bei denen wieder der Slogan »Das Volk will den Sturz des Regimes« ertönte. Maliki ließ die friedliche Protestbewegung in mehreren Städten brutal durch die Swat genannten Eliteeinheiten niederschlagen, begleitet von Razzien, willkürlichen Verhaftungen und gezielten Tötungen von Aktivisten. An dieser gezielten Tötung beteiligten sich schiitische Milizen, um Sunniten in Großstädten zum Verlassen gemischter Wohngebiete zu bewegen.

Maliki rechtfertigte sein Vorgehen mit dem Kampf gegen den Terrorismus, den er indessen erst schuf. Ihm gelang es nicht, die Protestwelle der unzufriedenen Sunniten zu ersticken. Ende 2013 verlegte er große Armeeeinheiten in die Wüste der Provinz Anbar. Der prominente Abgeordnete Ahmad al-Alwani wurde im November 2013 zum Tod verurteilt und einen Monat später verhaftet, sein Bruder wurde getötet. Am 22. Dezember 2013 begann eine große Militärkampagne gegen die Städte Ramadi und Fallujah. Wohngebiete wurden als Kollektivstrafe bombardiert, mehr als 300.000 Einwohner flohen. Maliki wollte sich für die Parlamentswahl vom April 2014 als starker Führer im »Kampf gegen den Terror« empfehlen. Mit dem Versuch, die zivile Protestbewegung zu zerschlagen und die sunnitischen Politiker zu delegitimieren, erzeugte er aber ein Vakuum, in dem der IS, nun aus Syrien kommend, weiter wachsen konnte. Erst die Ausgrenzung durch die schiitischen Herrscher in Bagdad hat den Boden bereitet, auf dem der IS weiter gedeihen konnte.

Die sunnitischen Provinzen erhielten aus dem Staatshaushalt keine Gelder mehr, und in Bagdad spielten die sunnitischen Politiker keine Rolle mehr. Maliki fehlte völlig der Gedanke an eine nationale Versöhnung; er war von der fixen Idee beherrscht, dass die Baath-Herrschaft wiederkehren könnte, und das wollte er verhindern. Am 11. August 2014 musste er sein Amt an Haidar al-Abadi abgeben. Der neue Ministerpräsident ist ebenfalls ein Schiit; von ihm wird aber mehr Konzilianz erwartet. Der syrische Bürgerkrieg war auf den Irak übergeschwappt.

Der Irak wächst nicht zu einer Nation zusammen. Er zerfällt vielmehr in drei Landesteile mit Schiiten, Sunniten und Kurden.

Sollte es auch zu einer Teilung des Iraks kommen, wäre ein Blutbad die Folge. Denn die Infrastruktur des Landes lässt sich nicht chirurgisch trennen, die ethnischen und konfessionellen Gruppen leben teilweise dicht miteinander verwoben. Eine Spaltung in mehrere neue Staaten würde mutmaßlich zu einer ethnischen oder konfessionellen Säuberung führen, die wiederum auf die Nachbarstaaten überschwappen würde.

Aufgelöst: die Grenze zwischen Syrien und dem Irak

Die Ereignisse im Irak und in Syrien haben sich über mehrere Jahre wie in einer Spirale nach oben getrieben. Ein Vorläufer des IS hatte sich in den Wirren nach dem Sturz von Saddam Hussein im Irak konsolidiert; seine Existenz kam der syrischen Führung nicht ungelegen, weil er im Irak den Druck auf die amerikanischen Besatzer erhöhte. Von 2011 an nutzte der IS dann das Vakuum, das der Bürgerkrieg in Syrien erzeugt hat. Dieser Bürgerkrieg ist wiederum eine der Ursachen für die weitere Destabilisierung des Iraks. Denn der IS kehrte von Syrien in den Irak zurück, weil nun auch dort ein Vakuum entstanden war. Dabei hob der IS die Grenzen auf, die von den Kolonialmächten gezogen worden waren. Der Irak und Syrien zerfallen. Sie bilden ein neues, großes Schlachtfeld.

Noch im Sommer 2011 schickte Abu Bakr al-Baghdadi, damals noch der Führer des »Islamischen Staats im Irak« (ISI), seinen Stellvertreter Abu Muhammad al-Jaulani nach Syrien. Der hatte damals die militärischen Operationen in der irakischen Provinz Niniveh geleitet. Im August 2011 kam er in der syrischen Provinz Hassakeh an; er profitierte davon, dass von 2003 an viele Syrer im Irak mit den Aufständischen gekämpft hatten und sich ihm nun in Syrien anschlossen. Zu der Zeit, am 15. August 2011, verübte der ISI in Bagdad und zwölf anderen Städten 22 koordinierte Bombenanschläge. Zu der Zeit knüpfte Jaulani in Syrien Kontakte zu anderen Jihadisten und gründete die Terrorgruppe *Jabhat al-Nusra* (Nusra-Front). Sie trat mit der Erklärung von 23. Januar 2012, in der sie sich zu einem Bombenanschlag in Damaskus bekannte, bei dem mehr als 40 Menschen getötet wurden, an die Öffentlichkeit. Ende 2012 soll sie 2000 Mann unter Waffen gehabt haben und eine der größten Rebellengruppen gewesen sein. Sie eroberte wichtige militärische Einrichtungen des Regimes, unter anderem im Januar 2013 die Luftwaffenbasis Taftanaz nahe Idlib.

Im April 2013 trennten sich die Wege von Baghdadi und Jaulani. Baghdadi wollte nicht länger abseits vom syrischen Bürgerkrieg stehen und erklärte die Nusra-Front zu einem Teil des ISI. Der heiße fortan »Islamischer Staat im Irak und in Großsyrien« (ISIS). Bereits am folgenden Tag schloss es Jaulani aus, sich Baghdadi zu unterstellen, und erklärte seine Unabhängigkeit. Auch der Führer von al-Qaida, Ayman al-Zawahiri, lehnte den Zusammenschluss ab. Dieser hatte erfolglos versucht, Baghdadi zu verpflichten, sich nur noch um den Irak zu kümmern und Syrien Jaulani zu überlassen. Baghdadi erklärte: »Ich muss zwischen der Herrschaft Allahs und der Herrschaft Zawahiris entscheiden, und ich entscheide mich für die Herrschaft Allahs.« Damit sagte er sich von al-Qaida los.

Baghdadi reiste im Mai 2013 aus dem Irak nach Aleppo und begann, seinem Rivalen Krieger abzuwerben. Ein kurzer und erbitterter Krieg setzte zwischen dem neuen ISIS und der Nusra-Front ein. Zunächst eroberte Baghdadi von der Nusra-Front und anderen Rebellengruppen Gebiete. Im Januar 2014 drehte sich der Kriegsverlauf. Eine Koalition aus der Nusra-Front und gemäßigten Rebellen vertrieb nun den ISIS aus dem Norden Syriens um Aleppo. Baghdadis Krieger zogen sich im März 2014 nach Raqqa am Euphrat zurück und richteten dort ihre Hauptstadt ein.

Zu jener Zeit hatte der irakische Arm des ISIS bereits mit der Eroberung weiter Teile der Provinz Anbar begonnen. Deren Bevölkerung feierte die schwarz vermummten Krieger als Befreier von der Herrschaft der Zentralregierung in Bagdad. Die Verlierer des »Systems Maliki« schlossen sich den Jihadisten an, auch jene, die im Jahr 2007 in der »Erweckungsbewegung« noch al-Qaida bekämpft hatten, sich heute von Bagdad aber im Stich gelassen fühlen. Aus dem Terror des ISIS wurde ein Aufstand gegen die Zentralregierung in Bagdad.

In Syrien griff der ISIS von Raqqa aus flussabwärts am Euphrat die Stadt Deir al-Zor an, die seit der Vertreibung des ISIS Anfang 2014 unter Kontrolle der Nusra-Front war. Die Kämpfe dauerten mehrere Wochen, einige Hundert Personen wurden auf beiden Seiten getötet. Gezielt töteten ISIS-Krieger konkurrierende lokale Rebellenführer und untergruben so die Moral der Bevölkerung. In der Folge ergaben sich immer mehr Stämme dem ISIS, und im Sommer hatte dieser die Rivalen von der Nusra-Front völlig aus der Stadt vertrieben. Um seine Herrschaft zu sichern, massakrierte der ISIS nahe Deir al-Zor durch Erschießen, Enthaupten und Kreuzigen 700 Mitglieder des Shaitat-Stammes, der dem ISIS den Loyalitätseid verweigerte.

Ein zusammenhängendes Herrschaftsgebiet war entstanden, das vom irakischen Ramadi im Osten bis zum syrischen Raqqa im Westen reichte. Am 29. Juni 2014 gab Baghdadi die Umbenennung des ISIS in den »Islamischen Staat« bekannt, an dessen Spitze nun er als Kalif stehe. Jaulani reagierte darauf, indem er in den Tagen um den 12. Juli 2014 die Errichtung eines »Islamischen Emirats« für Syrien ankündigte. Am Tag der Ausrufung des Kalifats veröffentlichte die Propagandaabteilung des IS ein Video, das die Zerstörung der Grenzposten zwischen Syrien und dem Irak dokumentierte.

Zuvor hatte der IS am 10. Juni 2014 Mossul, die zweitgrößte Stadt im Irak, erobert. Dazu hatte er dieselben Taktiken wie in Deir al-Zor angewandt. Erst spähten Agenten bei den Straßenkontrollen um Mossul die Schwachpunkte aus, dann wurden diese angegriffen. In der Stadt untergrub eine Kampagne gezielter Tötungen und Einschüchterungen die Autorität der Stadtverwaltung und der Sicherheitskräfte; sie sollten demoralisiert werden, damit sie die Stadt immer weniger kontrollierten. Ferner verlagerte Baghdadi vor dem Sturm auf Mossul Kämpfer aus Syrien in den Irak. Eine motorisierte Infanterieeinheit aus Syrien soll bei der Eroberung eine bedeutende Rolle gespielt haben. Kampflos überließen die 30.000 überwiegen schiitischen Soldaten der irakischen Armee etwa 800 Jihadisten des IS alle Einrichtungen und Waffen. Der IS erbeutete in den Banken der Stadt auch schätzungsweise 480 Millionen Dollar; bereits zuvor waren Schutzgelderpressungen in Mossul eine der wichtigsten Einnahmequellen Baghdadis gewesen. Nach der Eroberung nahmen die Jihadisten Kurs auf Bagdad. Sie hatten sich der Hauptstadt bis auf 50 Kilometer genähert, als sie zum Stehen gebracht wurden.

Mossul war die letzte Stadt, die die Amerikaner befriedet hatten; in keiner Stadt lebten so viele Offiziere der baathistischen Armee wie in der Stadt am Tigris. Sie und die Milizen der Stämme unterstützten den IS nicht aus ideologischen Gründen, sondern weil ein Feind, die verhasste Zentralregierung in Bagdad, sie einte. Eine Allianz war entstanden, die über die Jihadisten des IS hinausreicht. Ein Bindeglied war mutmaßlich Izzat Ibrahim al-Duri, die frühere rechte Hand Saddams und 2003 der »Kreuz-König« im amerikanischen Kartenspiel der meistgesuchten Iraker. Seit 2007 ist er Vorsitzender der im Untergrund tätigen irakischen Baath-Partei und ihres bewaffneten Arms, der »Armee der Männer des Ordens der Nakshbandiyyah«, die seit Jahren mit den Jihadisten zusammengearbeitet hat. In der Herrschaftszeit von Saddam Hussein war Duri für die Kontakte zu den Stämmen zuständig, was ihm heute wieder zugutekommt. Es wird vermutet, dass sich der an Leukämie Erkrankte meistens in Saudi-Arabien aufhält.

Der IS griff auch auf syrischem Boden auf die Tötung von Rivalen zurück, um seine Macht auszuweiten. Auf das Konto des ISIS gingen im April die Tötung von Abu Muhammad al-Ansari, der Führer der Nusra-Front in der Provinz Idlib, sowie im September 2014 der Anschlag auf den Führer der *Ahrar al-Sham*, Hassan Abboud, und vierzig andere Kommandeure der »Islamischen Front« nahe Idlib. Die meisten Kämpfer der führerlos gewordenen Gruppen schlossen sich nun dem IS an und leisteten Baghdadi den Treueeid, die *bai'a*. Ebenfalls im Spätsommer 2014 startete der IS mit Waffen, die er in Mossul erbeutet hatte, eine Angriffswelle auf die kurdische Enklave Kobane im Norden Syriens.

Die beiden Länder verschmolzen immer mehr. Unter dem Banner des IS kämpften nun gemeinsam Sunniten aus dem Irak, aus Syrien und anderen Ländern; Schiiten aus dem Irak und dem Libanon schlossen sich hingegen dem Kampf gegen den »Islamischen Staat« an. Die Grenzen lösen sich auf, Syrien und der Irak sind ein großes Schlachtfeld geworden – mit einem erschreckenden Blutzoll. Im Irak wurden seit dem Beginn der Besatzung im Jahr 2003 bis Ende 2014 etwa 140.000 Zivilisten und 60.000 Kämpfer getötet, und in Syrien wurden allein seit 2011 etwa 300.000 Menschen getötet. In beiden Ländern wurden damit eine halbe Million Menschen Opfer politischer Gewalt. Ein weiteres Zeichen, dass die beiden Länder verschmelzen, ist, dass Anfang 2015 der »Islamische Staat« jeweils etwa ein Drittel des Territoriums Syriens und des Iraks beherrschte.

Der Staatszerfall, der in Syrien begonnen hat, setzt sich im Irak fort. Die Gräben zwischen den drei Landesteilen haben sich seit dem Sturz von Saddam Hussein von Jahr zu Jahr vertieft. Beschleunigt wird dieser Prozess durch den Vormarsch sunnitischer Aufständischer unter Führung des IS. Denn an diesem Vormarsch beteiligen sich in einer unheiligen Allianz neben den Kriegern des IS Stammesführer und im Untergrund Baathisten sowie Soldaten, die 2003 entlassen worden sind oder später desertierten. Die Zahl der Stammesführer, Baathisten und ehemaligen Soldaten lag im Sommer 2014 über den damals auf 5000 geschätzten IS-Kriegern. Zusammen haben sie den Aufstand der sunnitischen Provinzen gegen die von Schiiten kontrollierte Zentralregierung gestartet.

DER »ISLAMISCHE STAAT«

Der Aufstieg des »Islamischen Staats«

Transformation: von al-Qaida zum »Islamischen Staat«

Die Entstehung des IS beziehungsweise seiner Vorläufer reicht bis ins Jahr 1999 zurück. Unter wechselnden Namen hatten diese Gruppen im Irak fünfzehn Jahre lang immer eine Rolle gespielt. Die Überraschung ist also nicht, dass der »Islamische Staat« im Jahr 2014 scheinbar wie aus dem Nichts entstehen konnte. Die Überraschung ist vielmehr, dass es ihm 2014 gelang, in kürzester Zeit große Teile Syriens und des Iraks zu erobern. Ein Grund für den Siegeszug ist das Vakuum, das der syrische Bürgerkrieg und die schiitische Regierung in Bagdad erzeugt haben; die Rivalität von Saudi-Arabien und Iran hat dafür gesorgt, dass dieses Vakuum Bestand hat. Der IS hat die Chancen, die sich daraus für ihn ergaben, konsequent genutzt. Weitere Gründe sind die straffe Organisation und die Fähigkeit, quasistaatliche Dienstleistungen in den eroberten Territorien zu organisieren.

Am Anfang des IS stand Afghanistan. Der 1966 geborene Jordanier Abu Musab al-Zarqawi, der mit bürgerlichem Namen Ahmad Fadl al-Nazal al-Khalayaleh hieß, war 1999 nach fünf Jahren Haft aus einem jordanischen Gefängnis entlassen worden. Er war wegen der Mitgliedschaft in der Terrorgruppe *Bai'at al-Imam* verurteilt worden, die der palästinensisch-jordanische Ideologe des Jihad, Abu Muhammad al-Maqdisi, zu Beginn der 1990er-Jahre gegründet hatte. Maqdisi hatte Bekanntheit erlangt, als er 1984 Saudi-Arabien zu einem ungläubigen Staat erklärte.

Maqdisi und Zarqawi arbeiteten von 1992 an eng zusammen. Auch Maqdisi kam 1999 durch eine Amnestie anlässlich der Thronbesteigung von König Abdullah II. auf freien Fuß. Maqdisi blieb in Jordanien und hieß die Terroranschläge des 11. September 2001 gut.

Zarqawi ging nach Afghanistan. Sein erklärtes Ziel war auch dort, das jordanische Königshaus zu stürzen und Jerusalem zu befreien. Dazu holte er Jihadisten aus der Levante nach Afghanistan. Mit einem Empfehlungsschreiben des in London tätigen extremistischen Predigers Abu Qatada nahm er Kontakt zu al-Qaida auf, der er sich aber nicht offiziell anschloss. Nahe Herat errichtete er ein Ausbildungslager. Zunächst nannte er seine Gruppe *Jund al-Sham* (Soldaten Großsyriens), dann benannte er sie nach der Webseite seines Mentors Maqdisi *Jamaat al-Tawhid wa al-Jihad* (Vereinigung der Einheit Allahs und des Jihad). *Tawhid* ist der theologische Begriff für den streng monotheistischen Glauben der Muslime, der die »Einheit« und »Einzigkeit« Allahs hervorhebt; extremistische Sunniten benutzen ihn als Kampfbegriff gegen alle, denen sie, wie den Schiiten und mystischen Sufis, »Vielgötterei« unterstellen, etwa wegen der Verehrung für Heilige oder des Besuchs von Grabstätten. Während *Tawhid* eine der fünf Säulen des Islams ist, also Grundpflicht, gehört der *Jihad* nicht dazu. Ein Kennzeichen extremistischer Sunniten ist, beides auf die gleiche Ebene zu stellen.

Zarqawis Terrorgruppe kämpfte in Afghanistan an der Seite von al-Qaida und den Taliban. Im Dezember 1999 vereitelte der jordanische Geheimdienst Terroranschläge, die Zarqawi von Afghanistan aus für die Milleniumsnacht auf ein Fünfsternehotel in Amman und auf andere touristische Ziele geplant hatte. Nach dem 11. September 2001 verließ Zarqawi Afghanistan und suchte vor den amerikanischen Angriffen in Iran Schutz. Noch im selben Jahr ließ er sich im irakisch-iranischen Grenzgebiet nieder und kooperierte mit der kurdischen Terrorgruppe Ansar al-Sunna; östlich von Sulaimaniya errichtete er in der nur schwer zugänglichen kurdischen Bergwelt in Biyara eine neue Basis für seine Terrorgruppe Jamaat al-Tawhid wa al-Jihad, in die er nun auch Iraker aufnahm. Amerikanische Kampfflugzeuge bombardierten das Lager im März 2003; darauf erklärte Zarqawi den Vereinigten Staaten den Krieg. Im August 2003 bekannte sich seine Terrorgruppe zu den Terroranschlägen auf die jordanische Botschaft und die Vertretung der Vereinten Nationen in Bagdad sowie auf die den Schiiten heilige Imam-Ali-Moschee in Najaf; einer der 95 Toten von Najaf war Ajatollah Muhammad Baqir al-Hakim, einer der führenden schiitischen Geistlichen des Iraks. Bereits die ersten Terroranschläge legten Zarqawis Absicht offen: Er führte nun Krieg gegen die Staatengemeinschaft und gegen die schiitischen Muslime.

Sein Mentor Maqdisi sagte sich 2004 von Zarqawi los. Maqdisi hatte bereits 1999 in einer weit verbreiteten Schrift davor gewarnt, andere Muslime zu »Ungläubigen« zu erklären und sie mit dieser Begründung zu töten. Zarqawi hingegen zitierte den mittelalterlichen Theologen Ibn Taimiyyah, der Schiiten als »Feinde« bezeichnet hatte, die »lügen« und gegen die es zu »kämpfen« gelte. Zarqawi tötete Schiiten, er enthauptete auch ausländische Geiseln, etwa im Mai 2004 den Amerikaner Nicholas Berg.

Zarqawi legte im September 2004 den Treueeid, die *bai'a*, gegenüber al-Qaida und dessen Führer Bin Laden ab. Seine Terrorgruppe hieß von nun an *Tanzim Qaidat al-Jihad fi Bilad al-Rafidain* (Organisation der Basis für den Jihad in den Ländern der beiden Flüsse). Statt des sperrigen Namens hat sich die Bezeichnung »al-Qaida im Irak« eingebürgert. Wie zuvor bei Maqdisi stießen Zarqawis ungehemmte Brutalität und sein Vorgehen gegen die Schiiten nun auch die Führer von al-Qaida vor den Kopf. Zarqawis Strategie war, durch die blutigen Anschläge im Irak einen Bürgerkrieg zwischen Sunniten und Schiiten zu provozieren, was ihm im Februar 2006 durch den Anschlag auf die den Schiiten heilige Grabmoschee von Samarra, in der der zehnte und der elfte Imam der Schiiten begraben liegen, auch gelang.

Bin Ladens Nachfolger Zawahiri hatte ihn im Jahr zuvor in

einem Brief aufgefordert, sich auf den Krieg gegen das Regime in Bagdad und gegen die Besatzer zu konzentrieren, aber nicht länger schiitische Zivilisten zu töten. Zawahiri und Bin Laden lehnten das Töten von schiitischen Muslimen ab; sie fanden sich aber mit Zarqawis Führungsanspruch im Irak ab, da er für al-Qaida neue Mitglieder rekrutierte. Das Terrornetzwerk war nicht länger bloß ein Zusammenschluss von Jihadisten aus den Golfstaaten und Ägypten.

Zarqawis Taktik ging auf: Er war nun der unangefochtene Führer der wichtigsten Terrorgruppe im Irak. Er fusionierte sie am 15. Januar 2006 mit fünf kleineren jihadistischen Gruppen zum *Majlis Shura al-Mujahidin* (Shura-Rat der Mujahidin). Zarqawis vorrangiges Ziel war, durch den Jihad die Besatzer aus dem Irak zu vertreiben. Er erklärte Anfang 2006 aber auch, der Kampf finde zwar im Irak statt, die Augen seien jedoch auf Jerusalem gerichtet. In den Jahren nach dem Sturz Saddam Husseins war Syrien das wichtigste Transitland für ausländische Jihadisten auf dem Weg in den Irak. Auch Syrer schlossen sich Zarqawi an. Zudem unterhielt Syrien, das fürchtete, nach dem Irak das nächste Ziel eines Regimewechsels zu werden, Beziehungen zu Zarqawi.

Ein Luftangriff tötete am 7. Juni 2006 Zarqawi, als er sich in einem Haus in Baquba aufhielt. Zu seinem Nachfolger wurde Abu Ayyub al-Masri ernannt, der indes nicht Zarqawis Charisma besaß. Die Terrorgruppe löste sich nach Zarqawis Tod aber nicht auf. Am 15. Oktober 2006 benannte sich »al-Qaida im Irak« in »Islamischer Staat im Irak« (ISI) um. Zu seinem Führer wurde Abu Omar al-Baghdadi bestimmt, der mit bürgerlichem Namen Hamid Dawud al-Zawi geheißen hatte. Über seine Identität sind nie Einzelheiten bekannt geworden. Sicher ist lediglich, dass Abu Omar al-Baghdadi Iraker war. Er berief ein Kabinett ein, Abu Ayyub al-Masri wurde Kriegsminister. Das Kabinett nahm den Aufbau quasistaatlicher Strukturen in Angriff, um das eroberte Territorium zu halten und zu verwalten. Die dazu nötigen finanziellen Mittel verschaffte sich der ISI mit Lösegeldern,

Schutzgeldern und den Einnahmen aus dem Schmuggel von Öl. Charles Lister, einer der prominentesten Analysten des IS, schätzt, dass dessen Einnahmen bereits damals 70 bis 200 Millionen Dollar im Jahr betrugen.

Abu Omar al-Baghdadi hatte zwar eine Agenda für den Irak. Der Einfluss tschetschenischer Kämpfer, die auch mit Blick auf ihre Heimat handelten, wurde jedoch bereits sichtbar. So ließ Baghdadi in Bagdad russische Staatsbürger entführen und forderte von Moskau eine Änderung der Politik gegenüber Tschetschenien. Baghdadi leistete keinen ausdrücklichen Treueeid gegenüber al-Qaida, was zunächst nicht relevant war. Die Führer des ISI praktizierten entgegen den Empfehlungen von al-Qaida weiter Zarqawis Brutalität. Bei den koordinierten Anschlägen am 15. August 2007 auf yezidische Dörfer im Nordirak wurden 800 Menschen getötet. Die Brutalität führte aber auch in den sunnitisch-arabischen Provinzen dazu, dass sich die lokale zivile Bevölkerung allmählich gegen die Jihadisten auflehnte.

Stämme, die sich Baghdadis Führungsanspruch nicht länger beugen wollten, schlossen sich zusammen und gründeten die »Erweckungsbewegung« (*Sahwa*). Sie bekämpften mit amerikanischer Unterstützung den ISI. Der Druck auf die Jihadisten wurde so groß, dass die meisten von ihnen den Irak verließen. So ging die Zahl der Jihadisten, die sich zum ISI bekannten, auf weniger als 800 zurück. Dadurch ging von 2008 an auch die Zahl der Opfer, die durch Terroranschläge getötet wurden, dramatisch zurück. Der Abzug der amerikanischen Truppen, der Mitte 2009 einsetzte, schwächte jedoch die Sahwa-Bewegung, so dass sich die Reste des ISI wieder organisieren konnten. Das beschleunigte sich mit dem Fortgang des amerikanischen Abzugs, der im Dezember 2011 abgeschlossen wurde.

Als die Jihadisten durch die Sahwa-Bewegung unter Druck geraten waren, verlegte Abu Omar al-Baghdadi seinen Sitz von der Provinz Anbar nach Mossul. Von dort steuerte er den Wiederaufbau seiner Terrorgruppe. Der amerikanische Rückzug, der wie geplant fortgesetzt wurde, erweiterte seinen Spielraum, und die Politik des schiitischen irakischen Ministerpräsidenten Nuri al-Maliki, die gegen die Sunniten gerichtet war, führte ihm einen Strom neuer Rekruten zu. Unter ihnen waren zahlreiche Mitglieder der Sahwa-Bewegung, denen Maliki, anders als er gegenüber den Amerikanern zugesagt hatte, keinen monatlichen Sold mehr zahlte. So konnten die Mitglieder des ISI in der zweiten Jahreshälfte 2009 die blutigsten Anschläge im Irak seit 2003 verüben.

Abu Omar al-Baghdadi wurde am 18. April 2010 bei einem amerikanischen Luftangriff getötet, sein Nachfolger wurde Abu Bakr al-Baghdadi. Er macht seinen Anspruch auf die Abstammung von Muhammad, dem Propheten des Islams, mit dem schwarzen Turban sichtbar. Die Propaganda des ISI, die professioneller wurde, verglich Baghdadis Lage mit jener Muhammads, als der in den Jahren von 622 bis 632 in Medina das erste islamische Gemeinwesen aufgebaut hat. Der ISI entging seiner Marginalisierung auch deshalb, weil er von 2011 an im Bürgerkriegsland Syrien ein neues Betätigungsfeld fand.

Im Irak bereitete Abu Bakr al-Baghdadi generalstabsmäßige Operationen vor, die jeweils zwölf Monate dauerten und die Grundlage für die Errichtung eines lebensfähigen Staats sein sollten. Die Operation »Durchbrechen der Wände«, die im Juli 2012 begann, diente dem Ziel, aus irakischen Gefängnissen Jihadisten und Kader der früheren Baath-Herrschaft zu befreien. Bei dem Sturm auf das Gefängnis von Abu Ghraib, der größten der acht Aktionen in jenem Jahr, wurden am 21. Juli 2013 mehr als 500 Personen befreit, die sich dem ISI anschlossen. Eine Woche später begann die Kampagne »Ernte der Soldaten«, die bis Juni 2014 und bis zur Eroberung von Mossul dauerte; ihr Ziel war, die Moral der irakischen Armee und der Sicherheitskräfte durch gezielte Attentate, Angriffe auf schwach besetzte Straßenkontrollen und die Verwüstung von Häusern der Soldaten zu untergraben – was offenbar gelang.

Parallel dazu weitete Abu Bakr al-Baghdadi von 2013 an sein Herrschaftsgebiet nach Syrien aus, wo er gegenüber der rivalisierenden Nusra-Front nach erbitterten internen Kämpfen die

Oberhand gewann. Während das oberste Ziel der Nusra-Front, deren Mitglieder überwiegend Syrer sind, der Kampf gegen das Assad-Regime ist, steht für den IS Baghdadis die Herrschaft des Kalifats und damit eine globale Agenda im Vordergrund. Die Ausrufung des Kalifats machte dann öffentlich, dass Abu Bakr al-Baghdadis Ambitionen über den Irak und Syrien hinausreichen.

Widerspruch kam vom Mentor Zarqawis, von Abu Muhammad al-Maqdisi. Er forderte die Jihad-Kämpfer in Syrien auf, sich der Nusra-Front anzuschließen. Baghdadi blieb indes der Linie Zarqawis, des Begründers des IS, treu. Wie Zarqawi geht auch Baghdadi hemmungslos brutal gegen seine Gegner vor, ebenso gegen die verhassten Schiiten. Wie Zarqawi ordnet auch er sich nicht den Führern von al-Qaida unter, sondern beharrt auf seiner Führungsrolle. Hingegen suchen Terrorgruppen, die wie die Nusra-Front zu al-Qaida gehören, anders als Zarqawi und Baghdadi zunächst eine Akzeptanz durch die Bevölkerung, um von dieser Basis aus den Jihad zu führen.

Während al-Qaida loyale Terrorgruppen in den einzelnen Ländern unterhalten hat (und weiter unterhält), baut der IS auf einem festen Territorium staatliche Strukturen auf, was ihm einige Attraktivität verschafft. Und er kann auf mehrere Gruppen von Kämpfern zurückgreifen: auf ausländische Jihadisten, die in einem »Islamischen Staat« leben wollen; auf frühere baathistische Kader aus Armee, Geheimdiensten und Bürokratie, die Fähigkeiten für einen Staatsaufbau mitbringen; und auf die einfachen Kämpfer der Stämme, die als seine Infanterie in den Krieg ziehen.

Der IS ist seit 2003 ein Teil des politischen Lebens im Irak. Die entscheidende Änderung erfolgte, als er seine Strategie änderte und nicht mehr bloß eine Terrororganisation war, die einmal da und einmal dort angreift und in der Wüste Ausbildungslager unterhält. Der entscheidende Schritt war vollzogen, als die Terrororganisation zum Staat wurde, der eine Fläche von der Größe Jordaniens besetzt hält, auf der mehr als 10 Millionen

Menschen leben, und als er begann, sich auch wie ein Staat zu verhalten – mit einer Armee, ausreichend Finanzen und einer supranationalen Strategie. In Syrien war das mit der Eroberung von Raqqa eingetreten, im Irak mit der Eroberung von Mossul sowie anderer sunnitischer Provinzen. Der IS schuf dadurch für die Nachbarn im Nahen Osten und darüber hinaus eine neue Bedrohungslage.

Siegeszug: Gründe für den militärischen Erfolg

Erschreckend ist, dass der IS, der in so vielem die Werte unserer Zivilisation aufhebt, zumindest vorläufig Bestand haben wird. Der erste Grund ist seine personelle Stärke. Der IS hatte als Terrormiliz begonnen, aber spätestens seit dem Sommer 2014 hat er die Größe einer Armee erreicht. Lister schätzt diese auf 31.000 Kämpfer. Als die Vorläuferorganisation 2008 vor dem Aus zu stehen schien, folgten ihr weniger als 800 Kämpfer. Viele der Bewaffneten verfügen über Kampferfahrung bei al-Qaida oder in den Armeen Syriens oder des Iraks, von denen sie desertiert sind. Gewachsen ist der IS vor allem durch die Absorption anderer Jihadistischer Gruppen und die Rekrutierung von Stammesmitgliedern. Denn keine andere Terrorgruppe zahlt einen höheren Sold. Zusätzlich zu dem monatlichen Basissold von 500 bis 600 Dollar zahlt er Zulagen, die von der Anzahl an Frauen und Kindern eines Kämpfers abhängig sind. Der IS ist somit in Ländern, in denen Armut herrscht und es kaum Arbeit gibt, ein attraktiver Arbeitgeber.

Die neuen Rekruten werden in Lagern ausgebildet, die offenbar in allen größeren Städten, die unter der Kontrolle des IS sind, unterhalten werden. Aufgenommen wird nur, wer ein Empfehlungsschreiben eines Mitglieds des IS mitbringt. In eine Schlacht ziehen sie mit der Gewissheit, im Falle ihres Todes »Märtyrer« (*shahid*) zu werden. Sie glauben, dann sei ihnen das Paradies sicher und sie würden durch diesen Tod unsterblich. Die Bereitschaft, bei dem Töten »Ungläubiger« selbst zu sterben, macht einen Dialog mit ihnen unmöglich. Gefühle von Empathie und Trauer haben sie nicht mehr, was ihre Lust an enthemmter Gewalt, dem Enthaupten und dem Töten selbst von Kindern und Frauen, nur noch weiter steigert.

Ein zweiter Grund ist die effiziente militärische Organisation. Abu Bakr al-Baghdadi hatte bereits im Gefängnis während der amerikanischen Besatzungszeit inhaftierte frühere irakische Offiziere rekrutiert; sie beherrschen die klassische Kriegsführung und Tarnung. Die Krieger von al-Qaida sind indes im Guerillakampf erfahren. Soldaten aus der 2003 aufgelösten irakischen Armee wurden aufgenommen, nachdem sie ihr Handeln unter Saddam Hussein »bereut« und gegenüber dem IS einen Treueeid abgelegt hatten.

Bei seinen militärischen Operationen setzt der IS eine Mischung aus Mobilität, Terror und Zermürbung ein. Als besonders wirkungsvoll hat sich erwiesen, wenn kleine mobile Einheiten in überraschenden Offensiven in ein Gebiet einfallen; ferner verübt der IS gegen Feinde wie die Schiiten und Minderheiten klassische Terroranschläge, die mit einer größtmöglichen Zahl von Opfern maximale Angst verbreiten sollen. Gezielte Tötungen und Hinrichtungen sollen den Gegner zermürben; zum Vorgehen gehört außerdem, dass die erste Einheit, die in eine eroberte Stadt einzieht, sofort auf dem zentralen Platz willkürliche Hinrichtungen vornimmt, um abzuschrecken und Einwohner in die Flucht zu treiben. Da die Propagandaabteilung des IS Videos solcher Massaker verbreitet, wissen die Bewohner einer Stadt, was auf sie zukommt. Bis zur Schlacht um Kobane hatte der IS Schlachten vermieden, die er nicht gewinnen konnte. Im Fall von Kobane verhält sich die militärische Führung erstmals irrational. Trotz hoher Verluste will der IS die zu einem Prestigeobjekt gewordene Enklave einnehmen.

Menge und Qualität der verfügbaren Waffen und Munition sind ein dritter Grund für den Erfolg. Zunächst hatte der IS – neben dem Erwerb von Waffen auf dem Schwarzmarkt – Waffen von desertierenden Soldaten erhalten und Bestände der Gruppen übernommen, die aus weniger extremistischen Gruppen zu ihm übergelaufen sind. Auch bei der Erstürmung von Kasernen der regulären syrischen Armee erbeutete er Waffen, beispielsweise den Standardpanzer der Sowjetarmee, T-55. Der entscheidende Sprung war jedoch die Eroberung von Mossul, wo dem IS nach der Flucht aller stationierten 30.000 Soldaten neben modernen Waffen mehrere Hundert gepanzerte Humvee-Geländewagen sowie die Manpad genannte Einmann-Flugabwehr-Lenkwaffe in die Hände gefallen sind.

Der vierte Grund für seine Stärke ist, dass ein ausgeklügeltes Finanzsystem den IS von fremden Geldgebern unabhängig gemacht hat. Er gilt weltweit als die reichste Terrorgruppe der Geschichte. Bereits von 2005 bis 2010 soll der Anteil der von außen kommenden Zahlungen nicht mehr als 5 Prozent des Budgets bestritten haben. Denn in den Provinzen Niniveh (Mossul) und Anbar hatte er längst ein mafiöses Netz aufgebaut, das durch Schutzgelderpressungen, Geiselnahmen und Wegzölle monatlich Millionen Dollar generiert hat. Lister schätzt, dass allein die Schutzgelderpressungen in Mossul im Jahr 2014 12 Millionen Dollar monatlich in die Kasse gespült haben.

Lukrativ sind zudem der Verkauf von Antiquitäten auf den internationalen Schwarzmärkten, die Beschlagnahmung des Vermögens der vertriebenen Minderheiten und Lösegelder für Geiseln. Frankreich soll im April 2014 für die Freilassung von vier Geiseln 18 Millionen Dollar bezahlt haben. Ein Handbuch des IS aus dem Jahr 2004 enthält Anleitungen für die Geiselnahme von Ausländern und für die anschließenden Lösegeldverhandlungen. Die Zeitung ›New York Times‹ schätzt, dass an al-Qaida und andere jihadistische Terrorgruppen von 2009 bis 2014 insgesamt 125 Millionen Dollar Lösegelder gezahlt worden sind. Die amerikanische Regierung verweigert die Zahlung von Lösegeldern, so dass deren Staatsbürger meist hingerichtet werden.

Seit der Ausrufung des Kalifats hat die Steuerverwaltung ein System der Besteuerung eingeführt; als Erstes wurden gestaffelte Transitgebühren für Lastwagen festgelegt. Lastwagen, die Lebensmittel transportieren, zahlen 300 Dollar; die meisten haben aber 800 Dollar zu entrichten. Im Gegenzug wird den Fahrern Schutz vor Banditen zugesichert. Die wichtigste Einnahmequelle ist aber der Verkauf von Erdöl und Erdölprodukten. Allein aus dem Irak schmuggelt der IS jeden Tag 50.000 Barrel in Nachbarstaaten, was ihm bei einem Preis von 20 Dollar für ein Barrel bereits tägliche Einnahmen von 1 Million Dollar beschert. Hinzu kommen geschätzte 20.000 Barrel am Tag aus Syrien. Die Staatengemeinschaft versucht daher, den Schmuggel in die Nachbarländer zu unterbinden und den Geldzufluss zumindest teilweise auszutrocknen. Aus allen diesen Quellen kann der IS im Jahr mehr als 2 Milliarden Dollar einnehmen.

Der IS ist aber auch – ein fünfter Grund für seine Stärke – wegen seiner »staatlichen Ordnung« für radikalisierte Islamisten äußerst attraktiv. Denn er existiert wirklich und ist nicht bloß eine Ideologie wie al-Qaida, deren Führer sich zudem im Hindukusch verstecken. Verführerisch ist auch der Anspruch, das Kalifat wiedererrichtet zu haben. Vor allem Islamisten aus Saudi-Arabien und dem Jemen glauben, dass das, was sie im Namen des IS tun, gut für den Islam und für Allah sei. Den Kriegern aus Europa und Russland bietet er hingegen eine Ideologie des Kampfes und die Illusion von Ruhm; für sie ist das Kämpfen und Sterben für ein Kalifat wichtiger als der Kampf gegen Assad. Zudem bietet ihnen die Gemeinschaft der Jihadisten Geborgenheit, sie finden den Jihad *cool*.

Für Sunniten ist der IS auch attraktiv, weil er in Damaskus und Bagdad, den Hauptstädten der ersten beiden arabischen Großreiche der Omayyaden und der Abbasiden, wieder eine sunnitische Herrschaft errichten will. Das spricht sunnitische Araber an, die die »alawitische Herrschaft« in Damaskus und die »schiitische Herrschaft« in Bagdad als eine Beleidigung empfinden und die sich von ihren Regimen ausgegrenzt fühlen. Eine Rolle spielt dabei, dass diese Sunniten die Politik der Ent-Baathifizierung im Irak weniger als eine Politik wahrnehmen, um das totalitäre baathistische Erbe zu beseitigen, sondern als kollektive Rache an den Sunniten. Auf die schiitischen Machthaber fällt der Vorwurf zurück, dass sie die gezielte Tötung von Sunniten durch schiitische Milizen zumindest geduldet und damit der Entfremdung der Sunniten weiteren Vorschub geleistet haben.

Ein nicht zu unterschätzender sechster Faktor ist, dass der IS Rückzugsgebiete sowohl in Syrien wie im Irak hat. Wird er in einem Land angegriffen, kann er sich in das andere zurückziehen und sich dort wieder konsolidieren. Sollte der IS im Irak unter Druck kommen, wird er sich vorübergehend auf Syrien konzentrieren. Denn die Koalition gegen den IS ist gespalten: Für den Westen hat der Krieg gegen den IS oberste Priorität, für die arabisch-sunnitischen Staaten aber der Sturz Assads. Solange sie sich nicht auf eine gemeinsame Syrienpolitik einigen, wird der IS der Nutznießer sein.

Der totalitäre Staat

Totalitäre Herrschaft: Abschreckung durch Terror

Der IS ist mehr als bloß eine Terrormiliz. Al-Qaida war ein Verbund kleiner Zellen und vieler Attentäter, die teilweise auf eigene Initiative handelten; mit dem Schlachtruf des Jihad war kein konkretes politisches Ziel verbunden. Der IS herrscht aber über eine Fläche, die von Aleppo im Norden Syriens bis an den Stadtrand von Bagdad reicht. Mit seinem Programm und seiner straffen Organisation ist er in der Lage, einen transnationalen Jihad zu führen. An seiner Spitze steht ein selbst ernannter Kalif, seine Krieger kommen aus der gesamten islamischen Welt und zu einem nicht geringen Teil sogar aus dem Westen und aus Russland. Der IS unterhält eine Justiz, die die Scharia anwendet; eine Verwaltung, die Steuern und Zölle eintreibt; eine Armee, die konventionelle Armeen herausfordert. Seine Kader sorgen dafür, dass Straßen gebaut werden, Wasser und Strom verfügbar sind, dass in den nichtmilitärischen Strukturen Ärzte und Ingenieure arbeiten.

Seit Abu Bakr al-Baghdadi einen Staat ausgerufen hat, der an die Stelle jihadistischer Netzwerke getreten ist, muss er zeigen, dass er und seine Kader auch fähig sind, über Millionen von Menschen zu herrschen. Baghdadi, der sich die meiste Zeit in Mossul aufhalten soll, hat dazu über Jahre eine quasistaatliche Verwaltung aufgebaut. Anders als der verklärt blickende Bin Laden, dessen Bild zur »Ikone« des modernen Jihad geworden war, hatte Baghdadi lange im Verborgenen gelebt. Erst seit der Predigt, die er am 4. Juli 2014 in der Großen Moschee von Mossul gehalten hat und die von der Propagandaabteilung des IS verbreitet wurde, konnte sich die Welt ein Bild von ihm machen. Als er an jenem Freitag die Moschee betrat, wurde er als »Euer neuer Kalif Ibrahim« vorgestellt. Baghdadi wurde 1971 als Ibrahim Awwad al-Badri in einem Dorf nahe Samarra nördlich von Bagdad geboren. Obwohl seine Familie sehr arm war, konnte er in Bagdad islamische Theologie studieren. Sein Studium schloss er mit einer Dissertation über Ibn Taimiyyah ab; er war weiter an der Theologischen Hochschule im Stadtteil Adhamiya beschäftigt, als 2003 die »Koalition der Willigen« im Irak einmarschierte.

Baghdadi, der bis zu diesem Zeitpunkt nicht aufgefallen war, schloss sich einer Gruppe von Aufständischen mit Namen *Jamaat Jaish Ahl-al-Sunna* (Vereinigung der Armee der Sunniten) an und leitete deren Scharia-Komitee. 2004 wurde er in Fallujah verhaftet und im Camp Bucca interniert; in der Haft soll er sich radikalisiert haben. Nach seiner Entlassung schloss er sich 2006 dem *Majlis Shura al-Mujahidin* von Abu Musab al-Zarqawi an, dessen Brutalität im Umgang mit Gegnern er sich aneignete; wieder übernahm er die Leitung des Scharia-Komitees. Sein Anspruch, vom Propheten Muhammad abzustammen, verschafft ihm – zusammen mit seiner theologischen Qualifikation – eine religiöse Legitimität, die ihn über die Führer von al-Qaida, Bin Laden und al-Zawahiri, erhebt, was die Ausrufung des Kalifats am 29. Juni 2014 erleichtert hat. Als Kalif nennt er sich nach seinem Geburtsnamen Ibrahim. Zuvor hatte er als Kampfnamen Abu Bakr al-Baghdadi gewählt. Abu Bakr war nach dem Tod Muhammads der erste Kalif; Baghdadi will wie Abu Bakr dem Stamm der Quraishiten, Muhammads Stamm, angehören. Mit dem Zusatz al-Baghdadi zeigt er seine irakische Herkunft an und auch die Absicht, in Bagdad wieder ein sunnitisches Kalifat zu errichten. Mit dem Titel »Kalif« greift er offen die Legitimität der Herrscher Saudi-Arabiens an. Denn die saudischen Könige tragen den Titel »Hüter der beiden heiligen Stätte« Mekka und Medina.

Der »Kalif« hat zwei Stellvertreter, einen für den Irak und einen für Syrien. Beide waren Offiziere in der 2003 aufgelösten irakischen Armee. Unterhalb des »Kalifen« führt ein »Kabinett« mit neun Ministern die Tagesgeschäfte; die 13 Provinzen in Syrien und im Irak werden von Gouverneuren geführt. Ein Militärrat aus 13 Personen ist für die militärischen Operationen zuständig; ausgeführt werden sie von über tausend erfahrenen Kommandanten. Bekannte Namen, die zirkulieren, sind der ehemalige irakische Offizier Abu Ahmad al-Alwani, der aus dem Kosovo stammende Albaner Abu Abdullah al-Kosofi, der Ägypter Abu Jandal al-Masri, der Jemenite Abu Huzaifa al-Yemeni und der irakische Kurde Abu Khattab al-Kurdi, der Kommandant der Offensive gegen Kobane.

Frühere baathistische Offiziere bilden das Rückgrat des IS. Als Abu Bakr al-Baghdadi 2010 neuer Führer des ISIS wurde, leitete sein Vertrauter Haji Bakr, ein Iraker mit dem bürgerlichen Namen Samir al-Khlifawi, die Professionalisierung der Armee ein. Dabei ersetzte Haji Bakr, der unter Saddam Hussein an der Entwicklung von Waffensystemen gearbeitet hat, in der Führungsebene der Streitkräfte wenig erfahrene Jihadisten durch erfahrene Weggefährten aus der aufgelösten irakischen Armee. Abu Bakr al-Baghdadi, Haji Bakr und Abu Muslim al-Turkmani, der heutige Stellvertreter Baghdadis für den Irak, hatten sich 2004 und 2005 im Gefängnis von Camp Bucca kennengelernt, wo sie wegen ihrer Beteiligung am Aufstand gegen die Besatzungsmächte interniert waren. Haji Bakr wurde im Januar 2014 in Syrien in einem Gefecht mit anderen Rebellen getötet. Baathisten in führenden zivilen Rollen sind Azhar al-Obaidi als Gouverneur von Mossul und Ahmad Abd al-Rashid als Gouverneur von Takrit, beide sind ehemalige Generäle. Offiziere aus der Armee Saddam Husseins stellen schätzungsweise ein Drittel der Führungspersonen um Baghdadi. Die ›New York Times‹ berichtete von mindestens einem General, der sich dem IS angeschlossen hat, nachdem seine Bewerbung für eine Rückkehr in die neue irakische Armee abgelehnt worden war.

Auf den ersten Blick sind der IS und die Baathisten unwahrscheinliche Verbündete. Sie eint aber der gemeinsame Feind, die Schiiten; beide verabscheuen sie gleichermaßen, wenn auch aus unterschiedlichen Gründen. Zudem liegen ihre Ideologien so weit nicht auseinander. Sie lassen als totalitäre Ideologie anderes nicht zu und haben die gleichen Wurzeln: den Arabismus (*uruba*) und den Islam. Für die Baath-Partei steht das Arabertum im Vordergrund; ihr Begründer, Michel Aflaq, und ihr wichtigster christlicher Vertreter im Irak, Tariq Aziz, konvertierten dennoch zum Islam. Denn die Ideologie suggeriert, dass *uruba* Teil des Islams sei. Andererseits stellt der IS den Islam in den Vordergrund, lässt aber keine nichtarabische Versionen des Islams zu und zerstört beispielsweise kurdische Moscheen und Grabstätten.

Das »Kabinett« besteht aus den Ressorts für Krieg, Waffen, Ausländische Kämpfer und Selbstmordattentäter, Allgemeine Sicherheit, Gefangene, Allgemeine Koordination, Allgemeine Verwaltung, Finanzen sowie Soziale Dienstleistungen. Sprecher des IS ist der Syrer Abu Muhammad al-Adnani, der ein Vertrauter Zarqawis war und von 2005 bis 2010 im Irak in amerikanischer Gefangenschaft. Ein weiteres bekanntes Gesicht ist der Tschetschene Abu Omar al-Shishani aus Georgien, der mit bürgerlichem Namen Tarkhan Batirashvili hieß und georgischer Geheimdienstoffizier war; er ist heute der militärische Kommandeur für Syrien. Der syrisch-amerikanische Staatsbürger Ahmad

Abusamra leitet die Propagandaabteilung des IS; der bahrainische Staatsbürger Abu Hummam al-Athari, ein Schüler von Abu Muhammad al-Maqdisi, ist für die Auslegung der Scharia verantwortlich; der tunesische Staatsbürger Tariq bin al-Tahar al-Auni al-Harzi gilt als einer der wichtigsten Verbindungsmänner für die Rekrutierung ausländischer Kämpfer und den Transfer von Geldern. Der Turkmene Abu Omar al-Qirdash, irakischer Staatsbürger und ehemals irakischer General, ist einer der wichtigsten Sprengstoffexperten. Der französische Jihadist Salim Benghalem soll für Hinrichtungen in Syrien zuständig sein.

Entsetzen und Abscheu verbreitet der IS mit Enthauptungen. Die ersten Massenenthauptungen sind aus dem Juli 2014 bekannt, als 75 Soldaten der syrischen Armee enthauptet wurden und ihre Köpfe in Raqqa entlang einer Straße aufgespießt zur Schau gestellt wurden. Der IS beruft sich bei dieser Art der Hinrichtung auf Koran 47:4, wo es heißt: »Wenn ihr auf die, die ungläubig sind, trefft, dann schlagt [ihnen] auf die Nacken. Wenn ihr sie schließlich schwer niedergekämpft habt, dann schnürt [ihnen] die Fesseln fest. Danach gilt es, sie aus Gnade oder gegen Lösegeld zu entlassen. [Handelt so, b]is der Krieg seine Waffenlasten ablegt.« Das Enthaupten von »Feinden« hat bei sunnitischen Extremisten eine lange Tradition. Sie geht auf den Omayyadenherrscher Yazid zurück, der im Jahr 680 in Kerbela seinen Gegenspieler Hussein enthauptet hat; Husseins Kopf wurde nach Damaskus, in die Hauptstadt der Omayyaden, gebracht.

Der amerikanische Journalist James Foley, der am 22. November 2012 entführt worden war, wurde am 19. August 2014 durch einen Jihadisten mit Londoner Akzent enthauptet. Derselbe Jihadist enthauptete am 2. September 2014 den israelisch-amerikanischen Journalisten Steven Sotloff. Am 13. September 2014 verbreitete der IS ein Video mit der Enthauptung des Briten David Haines, der im März 2013 entführt worden war und für eine humanitäre Hilfsorganisation gearbeitet hatte. Elf Tage danach enthauptete die algerische Jihadistengruppe *Jund al-Khilafa* (Soldaten des Kalifats), die sich dem IS angeschlossen hatte, den französischen Staatsbürger Hervé Gourdel als Racheakt für die Beteiligung Frankreichs bei den Luftschlägen gegen den IS. Zuvor hatte der Sprecher des IS, Abu Muhammad al-Adnani, zu weltweiten Attentaten gegen Bürger der Koalition gegen den IS aufgerufen. Am 3. Oktober 2014 wurde der Brite Alan Henning enthauptet, der für eine Hilfsorganisation gearbeitet hatte. Das Video kündigte die bevorstehende Enthauptung des amerikanischen Mediziners Peter Edward Kassig an, der ebenfalls in einem orangefarbenen Überhang, wie er im Lager Guantanamo Bay verwendet worden war, gezeigt wurde. Ein Video vom 16. November zeigte den Jihadisten mit Londoner Akzent, wie er Kassigs enthaupteten Kopf hält.

Die Enthauptungen von Bürgern westlicher Staaten hatten im Westen Entsetzen ausgelöst; es wurden aber weit mehr Araber und Muslime enthauptet. Während der Schlacht um Arsal wurde am 28. August 2014 ein libanesischer Feldwebel enthauptet. Am 1. Oktober 2014 enthaupteten Krieger des IS nahe Kobane zehn Personen, unter ihnen drei Frauen. Drei Tage danach wurde nahe der irakischen Stadt Takrit der irakische Kameramann Raad al-Azzawi enthauptet. Enthauptungen wurden ebenfalls aus der irakischen Stadt Baiji bekannt. Ein Video vom 16. November 2014 zeigt die Enthauptung von 18 Soldaten der syrischen Armee, die in der nordsyrischen Stadt Dabiq stattgefunden haben soll.

Im Vordergrund stehen Krieg und Terror. Der IS könnte sich aber nicht lange halten, erfüllte er nicht zumindest einen Teil der Erwartungen der Bevölkerung. Die hatte sich ja von ihren Zentralregierungen losgesagt, weil sie von deren Regierungsführung enttäuscht war. Um zumindest die Loyalität der Zivilbevölkerung zu sichern, muss der IS mehr bieten als die Regierungen in Damaskus und Bagdad. Dazu dienen Subventionen für Kraftstoffe und Nahrungsmittel, was aber auch auf die Durchsetzung einer Friedhofsruhe hinausläuft. Für jede Stadt erlässt der IS eine »Charta« mit Ordnungsgrundsätzen.

Ein weiterer zentraler Punkt ist die buchstabengetreue Umsetzung der Scharia. Dafür sorgen die Scharia-Gerichte, die sofort nach der Eroberung einer Stadt eingerichtet werden. Polizeipatrouillen überwachen die Einhaltung der restriktiven Vorschriften. So sind die Bewohner zu den fünf rituellen Gebeten am Tag verpflichtet und zum Tragen einer »islamischen Kleidung«; Männer müssen sich Bärte wachsen lassen, Frauen sich voll verschleiern. Verboten sind der Genuss von Alkohol und Tabak ebenso wie westliche Musik. Die Geschlechter werden strikt getrennt; die Scharia-Gerichte verhängen die *Hudud*-Strafen, die als Körperstrafen bei Vergehen gegen das Eigentum anderer, der öffentlichen Sicherheit und der öffentlichen Moral verhängt werden, sie ordnen etwa bei Diebstahl das Abhacken einer Hand an. Nichtmuslime haben, sofern sie nicht fliehen konnten, für ihren »Schutz« die Kopfsteuer (*jizya*) zu zahlen. Häuser, in denen Christen wohnen, werden mit einem »n« für *Nasrani* (Christ) gekennzeichnet; Häuser der Schiiten mit einem »r« für *Rafida*, einem Schimpfwort der extremistischen Sunniten für die Schiiten.

Die sunnitische Bevölkerung scheint diese Einschränkungen zu akzeptieren, solange die für ihr tägliches Leben nötigen Dienstleistungen erbracht werden – und das für alle, nicht nur wie unter anderen Regierungen für eine Elite. Der IS ist damit für nicht wenige zu einer Alternative zu den ebenso repressiven, aber als ungerechter empfundenen früheren Regimen geworden. Zivile Kader sorgen für die Stromproduktion und Stromverteilung, für Trinkwasser, für die Versorgung mit Gas für das Kochen und für den Betrieb der subventionierten Bäckereien. Krankenhäuser sollen gebührenfrei jeden behandeln, für die Bedürftigen stehen Armenküchen bereit, Ämter für den Verbraucherschutz schließen Geschäfte, die mangelhafte Waren anbieten. Handel und Produktion gehorchen den Regeln einer Kriegswirtschaft.

Schulen sind nach Geschlechtern getrennt und unterrichten den islamischen Fächerkanon. Der Sportunterricht wurde in »Ertüchtigung zum Jihad« umbenannt. An der Universität Mossul begann im Oktober 2014 das erste Semester unter der

Herrschaft des IS. Dazu hatte das »Amt für Erziehung« die »Bekanntmachung Nummer 006« erlassen. Diese regelt, dass zahlreiche Fakultäten aufgelöst und alle säkularen Fächer verboten werden. Die Bekanntmachung richtet sich an »alle Fakultäten der Universität von Mossul, alle Professoren, Dozenten, Mitarbeiter und Angestellten«.

Sie werden aufgefordert, ihrer Arbeit nachzugehen, erfahren aber auch, dass Fakultäten und Abteilungen aufgelöst werden, weil sie »gegen die Scharia« verstoßen. Aufgezählt sind die Fakultäten für Jura, Politologie, Kunst, Archäologie, Sportwissenschaft und Philosophie, außerdem die Tourismusschule und die Hotelfachschule. Verboten sind alle Fächer und Themen, die mit Demokratie, Kultur, Freiheit und weltlichem Recht zusammenhängen; in den Abteilungen für Englisch, Französisch und den Übersetzerkursen darf nicht mehr über Romane und Theaterstücke gesprochen werden. Außerdem dürfen Themen der Nationalität, der Ethnien und der Geschichte sowie Fragen der »geografischen Aufteilung« nicht mehr behandelt werden. Dann heißt es: »Zuwiderhandlungen sind strafbar.« Zuwiderhandelnde wurden bereits in den ersten Tagen hingerichtet. Viele immatrikulierte Studenten erschienen nicht zum Semesterbeginn, und der IS hat das Universitätsgelände in eine Kaserne verwandelt.

Die Propagandaabteilung des IS zeigt in gedruckten und elektronischen Magazinen aber funktionierende Schulen, Altenheime und Straßenkehrer bei der Arbeit. Das professionell gemachte Magazin ›Dabiq‹ erscheint seit Sommer 2014 auch auf Englisch und wendet sich an ein internationales Publikum; es dient nicht zuletzt der Rekrutierung ausländischer Jihadisten. Die Abteilung arbeitet mit Twitter, über Youtube vertriebene Videos und neue Applikationen.

Von Gewährsleuten aus Mossul ist zu hören, dass die Euphorie, die nach der Eroberung am 10. Juni geherrscht hat, längst verflogen sei. Die Unzufriedenheit nehme zu. Bereits im August 2014 hatte die neu gebildete »Brigade der Revolutionäre von Mossul« Dutzende Repräsentanten des IS getötet. Anlass war die Vertreibung der Christen und die Zerstörung muslimischer Heiligtümer wie das Grabmal des Propheten Jonas. Zudem verschlechtert sich die wirtschaftliche Lage. Da der IS brutal gegen jede Opposition vorgeht, ist die Bildung eines wirksamen Widerstands im Untergrund schwierig.

Totalitäre Ideologie: Wahrheitsanspruch des Kalifats

Seit Juli 2014 erscheint das Propagandamagazin ›Dabiq‹ in mehreren Sprachen. Das Magazin soll den IS ideologisch legitimieren und ihm neue Rekruten zuführen. Bereits der Name des Magazins lässt Rückschlüsse zu auf das archaische Weltbild des IS. Muhammad, dem Propheten des Islams, wird der Ausspruch zugeschrieben, dass zum Ende der Welt in Dabiq die Armeen der Muslime und des Westens aufeinandertreffen werden. In der Gegenwart heißt so ein Ort nördlich von Aleppo nahe der Grenze zur Türkei; dort, nicht weit von Kobane, sollen sich die eschatologischen Szenen vom Ende der Welt ereignen.

Die Interpreten des Ausspruchs glauben, dass sich in dieser Schlacht der ewige Kampf zwischen Gut und Böse entscheiden werde, zwischen der göttlichen Gerechtigkeit und der menschlichen Tyrannei. Dann werde das Jüngste Gericht nicht mehr fern sein. Doch zuvor werden die Muslime noch »Rom« erobern. Damit war damals Konstantinopel, das Zentrum des oströmischen Reichs, gemeint. Apologeten des IS identifizieren damit aber das heutige Rom, konkret den Vatikan. Baghdadi hat in seinen Predigten wiederholt diesen *Hadith*, also Ausspruch Muhammads, zitiert.

So kündigen die ersten Ausgaben des Magazins die Eroberung des Vatikans an, begründen die Errichtung eines Kalifats und begrüßen am Beispiel der verschleppten yezidischen Frauen die Rückkehr der Sklaverei. Artikel präzisieren die militärische Strategie des IS und verheißen die Eroberung von Saudi-Arabien. Das geschieht indirekt, indem das Magazin häufig die Formel

Millat Ibrahim verwendet, die »Nation Abrahams«. Damit ist zum einen die Nachfolge des Patriarchen Abraham gemeint. Zum anderen hatte aber 1984 auch Abu Muhammad al-Maqdisi eine in Jihadistenkreisen bekannte Abhandlung mit diesem Titel verfasst. Maqdisi hieß dabei die Erstürmung der Großen Moschee 1979 in Mekka durch den salafistischen Extremisten Juhaiman al-Utaibi gut und kündigte den Sturz der Dynastie der Al Saud an.

Indem ›Dabiq‹ den Begriff *Millat Ibrahim* verwendet, sagt das Magazin der saudischen Königsfamilie den Kampf an und suggeriert, dass es die Unterstützung des nach wie vor einflussreichen Ideologen Abu Muhammad al-Maqdisi genießt. Dieser hatte als Zarqawis Mentor am Anfang des Staatsbildungsprojekts der Jihadisten gestanden. Maqdisi ging indes zum »Kalifen« Baghdadi und dessen Staat auf Distanz. In einer Erklärung vom 14. Mai 2014 warf er Baghdadi vor, dass dieser, unter dem Vorwand, al-Qaida sei vom »wahren Pfad« des Jihads abgekommen, dessen Führer Ayman al-Zawahiri die Gefolgschaft und den Treueeid verweigerte. Er kritisierte Baghdadi für das »dokumentierte Morden« von Muslimen und dessen »Islamischen Staat im Irak und in Großsyrien« als eine »irregeleitete Organisation«. Maqdisi appellierte daher an die Anhänger dieses »Islamischen Staats im Irak und in Großsyrien«, diesen zu verlassen und sich der Nusra-Front als der einzig legitimen Jihad-Bewegung anzuschließen.

Am 1. Juli 2014, dem dritten Tag nach der Ausrufung des Kalifats, besiegelte Maqdisi den Bruch mit einem Schreiben, in dem er auf eine nicht vorliegende Replik Baghdadis antwortet. Maqdisi stellte zwar nicht grundsätzlich das Projekt eines Kalifats infrage. Er sprach Baghdadi aber das Recht ab, einen Staat zu leiten und den Titel »Kalif« zu führen. Maqdisi stieß sich vor allem an den Methoden Baghdadis, und er fragte sich, was die Waffen in den Händen von dessen Anhängern noch alles anrichten werden. Maqdisi warf Baghdadi vor, dass dessen Krieger nicht zwischen Menschen und Regimen unterschieden, und auch nicht zwischen Zivilisten und Soldaten.

Gemäßigte islamische Theologen setzten sich entschiedener von Baghdadi und dem Jihad ab. Yusuf al-Qaradawi, der geistliche Führer der Muslimbruderschaft, wies Baghdadi darauf hin, dass nur die ganze muslimische Nation den Titel Kalif vergeben könne, nicht aber eine einzelne Gruppe. Ferner verwies er auf seine zweibändige Monografie mit dem Titel › Fiqh al-Jihad ‹ (Das Recht zum Jihad) aus dem Jahr 2009, in der er darlegte, dass in der Gegenwart für einen Jihad keine Gründe vorlägen. Auf Widerspruch stieß bei islamischen Theologen und Rechtsgelehrten das Verfahren, mit dem sich Baghdadi zum Kalifen hatte machen lassen, da es gegen die im Islam geltenden Regeln verstoße. Die Regeln schreiben vor, dass erst eine Wahl mittels Treueeid (bai'a) zu erfolgen habe, bevor jemand die Macht (sulta) ausüben dürfe; Baghdadi fordere diesen Eid aber ein, nachdem er sich selbst zum Kalifen ausgerufen habe. Zudem bedürfe es der Beratung (shura) einer qualifizierten Gruppe, die die gesamte Gemeinschaft der Muslime (umma) vertrete, um transparent über Fragen wie das Kalifat oder die Ausgaben eines Staats zu entscheiden. Gegen alle diese Regeln verstoße Baghdadi aber.

In einem offenen Brief vom 19. September 2014 setzten sich 126 konservative islamische Religionsgelehrte aus der gesamten islamischen Welt, von denen viele in der Tradition Qaradawis stehen, mit den 24 wichtigsten theologischen Positionen Baghdadis auseinander und widerlegten sie auf 17 Seiten mit theologischen Argumenten. Sie adressierten den Brief an dessen bürgerlichen Namen, Dr. Ibrahim Awwad al-Badri, und gingen vor allem auf Baghdadis »Kalifatspredigt« vom 4. Juli 2014 ein. Der offene Brief richtete sich weniger an Baghdadi selbst als an die islamische Öffentlichkeit, die gewarnt werden soll.

Absicht des Briefes ist, Baghdadi als theologischen Dilettanten zu entlarven, der gegen anerkannte theologische Prinzipien verstoße und seine eigenen Regeln entwickelt habe. So erteilen sie ihm eine Lehrstunde in der Koranauslegung und legen dar, weshalb Baghdadi bei Gewalt doppelt falsch liege – bei seiner Rechtfertigung und der Herleitung dieser Rechtfertigung. Baghdadi berücksichtige nicht die historischen Umstände der Offenbarung, die Offenbarungsanlässe, schreiben die Religionsgelehrten. Zudem berücksichtige er nicht das Prinzip, dass die Auslegung des Korans unter Berücksichtigung des gesamten Korpus der Theologie zu erfolgen habe.

Die Autoren begründen, weshalb es keinen Jihad gegen Angehörige anderer Religionsgemeinschaften geben dürfe, sie erläutern die Voraussetzungen für ein Kalifat und bestätigen das Verbot der Sklaverei; sie verweisen darauf, dass es keinen Widerspruch zwischen der Religion des Islams, der Gemeinschaft der Muslime und nationalen Staaten gebe. Sie kritisieren die Vertreibung der Christen und die Zerstörung von Kirchen; denn »die arabischen Christen« seien immer »Freunde, Nachbarn und Mitbürger« gewesen, könnten also keine Feinde sein.

Neben Baghdadis Predigten gibt ein Dokument aus dem Januar 2007 Aufschluss über die Ideologie des IS. Im Oktober 2006 war der »Islamische Staat im Irak« ausgerufen worden, drei Monate danach veröffentlichte das »Ministerium für die Scharia-Kommissionen« eine 90-seitige Schrift mit dem Titel ›Benachrichtigung der Gläubigen über die Geburt des Islamischen Staats‹; sie wurde das Gründungsmanifest des globalen Jihad in der Tradition Zarqawis. Ihre Autoren argumentierten, die Ausrufung eines Staats hebe die Auseinandersetzung mit dem Westen auf ein neues Niveau; ihren Staat verglichen sie mit dem der ersten Muslime, der in kurzer Zeit zu einem Weltreich expandierte. Um zu demonstrieren, dass der neue Staat in dieser Nachfolge stehe, übernahmen sie das schwarze Banner mit dem eingefügten Glaubensbekenntnis des Islams, mit dem Muhammad in die Schlacht gezogen sein soll. Politisch argumentierten die Gründer des IS, im Irak hätten bereits die Schiiten und die Kurden ihren eigenen Staat; nun sollten auch die Sunniten ihren Staat haben – zumal Abu Omar al-Baghdadi seine Abstammung auf den Stamm Muhammads, die Quraishiten, zurückführte und damit Legitimität beansprucht hat.

Der amerikanische Politikwissenschaftler Nibras Kazimi führt die politischen Ordnungsvorstellungen der Schrift auf den mittelalterlichen Rechtsgelehrten Abu al-Hasan al-Mawardi (972 bis 1058) und den zeitgenössischen saudischen Religionsgelehrten Abdullah ibn Omar al-Dumaiji zurück. Beide haben sich mit den Anforderungen an ein Kalifat beschäftigt. Sie stellen eine Versammlung mit dem Namen *Ahl al-hall wa al-aqd* in den Mittelpunkt; sie soll die oberste Versammlung sein und geht als Konzept auf den Gelehrten Ahmed ibn Hanbal (780 bis 855) zurück. Sie soll im Idealfall alle Gläubigen vertreten und hat die vorrangige Aufgabe, einen Herrscher zu wählen oder abzusetzen.

Mawardi postulierte, dass die Wahl des Herrschers von den Zeitumständen abhängen solle; die Anforderungen seien verschieden, wenn man sich im Krieg befinde oder wenn es interne theologische Differenzen gebe. Dumaiji verfeinerte diesen Ansatz und fügte hinzu, eine einfache Mehrheit reiche für die Wahl aus. Die Autoren der Schrift von 2007 argumentierten, Feinde hätten das »Land des Islams« besetzt. Daher sei es »realistisch«, nicht auf die traditionellen Methoden eines Kalifats zurückzugreifen. In einer solchen Zeit der Anfechtungen sei es gerechtfertigt, ein Kalifat auch mit Mitteln der Gewalt zu errichten. In solch schwierigen Zeiten seien daher Jihadisten geeigneter als die *Ahl al-hall wa al-aqd*, um einen Kalifen zu wählen.

Die Schrift löste unter islamischen Religionsgelehrten eine Diskussion aus und stieß auf breite Ablehnung. Ein Argument lautete, der Islam kenne keinen Treueeid gegenüber einem unbekannten, unsichtbaren Imam. Nach der Ausrufung des »Kalifats« im Juni 2014 zog der neue IS daraus die Konsequenz, und Abu Bakr al-Baghdadi zeigte sich in seiner »Kalifatspredigt« am 4. Juli in der Öffentlichkeit.

Das »Kalifat« des Abu Bakr al-Baghdadi fordert das saudische Königshaus ideologisch heraus. Dabei scheint der erste Staat, den die Dynastie der Al Saud und der Theologenfamilie Ibn Abd al-Wahhab im 18. Jahrhundert gegründet hatten, die Blaupause für den heutigen IS zu sein. So wie dessen Krieger heute Yeziden, Christen und muslimische Kurden massakrieren, enthaupten und kreuzigen, hatten zu Beginn des 19. Jahrhunderts die wahhabitischen Krieger unter Führung der Familie Saud eine breite Blutspur hinterlassen, als sie sich weite Teile der Arabi- schen Halbinsel unterworfen haben. Sie eroberten 1801 im Irak die Stadt Kerbela und richteten ein Massaker unter den Schii- ten an; 1803 zogen sie in Mekka ein und machten die meisten Gebäude außerhalb der Großen Moschee dem Erdboden gleich; 1805 zerstörten sie in Medina den Friedhof, auf dem die ersten schiitischen Heiligen begraben sind. Erst eine islamische Streit- macht des osmanischen Sultans beendete von 1812 an den ers- ten saudisch-wahhabitischen Staat.

Der Ansatz dieses saudisch-wahhabitischen Staats und des IS sind gleich. Beide verwerfen alle Entwicklungen und Traditio- nen, die nach der Frühzeit des Islams entstanden sind, als »ket- zerische Innovationen« (*bid‘a*). Sie lehnen Friedhöfe, Heiligen- gräber und die Heiligenverehrung als »Götzendienst« ab; beide beklagen die Abkehr von den »Grundlagen« (*usul*) des Islams, beide berufen sich auf die frühen Muslime, die »frommen Altvor- deren« (*al-salaf al-salih*), deren Ordnung es wiederherzustellen gelte. Beide akzeptieren in der islamischen Theologie nur den Koran und den *Hadith*, also die Aussprüche Muhammads, und die *Sunna*, seine Handlungen; sie legen diese buchstabengetreu aus, teilweise auch den Konsens (*ijma*); sie lehnen die beiden Instrumente des Analogieschlusses (*qiyas*) und der eigenen Ur- teilsfindung (*ijtihad*) ab, die in der traditionellen islamischen Theologie indessen Anwendung finden. Beide verzichten damit bei ihrer Auslegung der heiligen Schriften auf die Berücksichti- gung zeitlicher und örtlicher Umstände. Ferner handeln die bei- den gleich, wenn sie, wie die islamische Theologie formuliert, andere »aus Nichtigkeiten des Unglaubens« bezichtigen (*al-tak- fir li ghair al-kabira*) und sie damit zur Tötung (*ihlal al-dam*) freigeben.

Zwei wichtige Unterschiede trennen aber die Wahhabiten vom IS. So nimmt die saudische Monarchie eine Arbeitsteilung vor: Die Dynastie Saud stellt die weltlichen Herrscher, die Nachkommen des Theologen Muhammad Ibn Abd al-Wahhab (1703 bis 1792) sind für die Verbreitung des Islams zuständig. Im IS beansprucht Abu Bakr al-Baghdadi hingegen die politische Macht und die islamische Führung. Ferner waren die frühen Wahhabiten eine innerislamische Erneuerungsbewegung; der IS aber führt einen globalen Jihad, sucht die Auseinandersetzung mit der Welt.

Der Jihad gegen die Christen

Schlächter: Abu al-Banat, der Entführer der Bischöfe[1]

Nur wenige Monate hat die Terrorherrschaft von Abu al-Banat über die syrische Kleinstadt Mashhad Ruhin gedauert. Sie endete im Juni 2013, als der für seine Gewaltorgien berüchtigte Jihadist über die nahe Grenze in die Türkei flüchten musste. Vertrieben wurde er von einem tschetschenischen Kommandeur des ISIS und dessen schwer bewaffneten Kämpfern. Damit fand das Klein-Emirat der 70 nichtsyrischen Kämpfer der Gruppe *Jaish al-Muhajirin wa al-Ansar* ein jähes Ende.

Die Art und Weise, wie Abu al-Banat seine Schreckensherrschaft ausübte, ist aber ein wichtiges Zeugnis für das Wirken von al-Qaida in Nordsyrien. Entsetzen hatte etwa ein Video hervorgerufen, das den Kaukasier mit dem bürgerlichen Namen Magomed Abdurachmanow am 19. April 2013 bei einer Enthauptung von drei Syrern auf dem Marktplatz von Mashhad Ruhin zeigt. Zudem mehren sich die Hinweise darauf, dass Banat ebenfalls im April 2013 zwei Bischöfe aus Aleppo entführt und wohl auch getötet hat.

Die Biografie des Abu al-Banat ähnelt der anderer kaukasischer Jihadisten. Er wurde am 24. Oktober 1974 in einer Klein-

---

[1] Zuerst erschienen in der ›FAZ‹ vom 19. März 2014. © Alle Rechte vorbehalten. Frankfurter Allgemeine Zeitung GmbH, Frankfurt. Zur Verfügung gestellt vom Frankfurter Allgemeine Archiv.

stadt in der russischen Republik Dagestan – einer Nachbarrepublik Tschetscheniens – geboren und wurde wie sein Vater Polizist. Dann geriet er unter den Einfluss des tschetschenischen Terroristen Doku Umarow, der sich 2007 zum Führer des »Emirats Kaukasus« ausgerufen hatte und am 18. März 2014 von der Islamisten-Website »kavkazcenter« für tot erklärt wurde. Er stand auf der al-Qaida-Liste der UN. 2010 reiste Banat über Moskau nach Ägypten, wo er sich in Alexandria weiter radikalisierte. Mutmaßlich im Sommer 2012 schloss er sich in Syrien den Jihadisten an und nannte sich Abu al-Banat.

Der Kaukasier, inzwischen mit dem Bart der Jihadisten, brachte die Kleinstadt Mashhad Ruhin unter seine Kontrolle. Sie liegt nur wenige Kilometer vom Grenzposten Bab al-Hawwa entfernt, nahe der Hauptstraße, die von der türkischen Stadt Reyhanlı nach Aleppo führt. Mit Abu Khalif, der 1980 im russischen Astrachan als Schamil Ismailow geborenen wurde, baute er mit Kämpfern aus Dagestan und anderen Regionen des Kaukasus eine kleine Brigade auf. Er rief sein Emirat aus, in dem er nach der Scharia (Un-)Recht sprach, nahm sich eine junge Syrerin zur Frau und bekannte sich zu al-Qaida.

Abu al-Banat war nur ein kleiner Emir, rangierte auf der vierten Ebene des »Islamischen Staats«. Über ihm waren drei weitere »Abus«. Seinen Treueeid leistete er dem Syrer Abu Omar al-Kuwaiti. In dessen »Brigade der Helfer des Kalifats« kämpften damals, so der libanesische Syrien-Spezialist Muhammad Ballout, zweihundert überwiegend kaukasische Extremisten. In ihrem Hauptquartier wurde gerade ein Massengrab mit 45 Ermordeten gefunden. Auf der nächsten Hierarchieebene folgte Abu Omar al-Shishani, der Emir im Großraum Aleppo. Er wurde 1986 im georgischen Pankisi-Tal geboren, das für den tschetschenischen Nachschub im Krieg gegen Russland wichtig war. Dieser wiederum unterstellte sich dem obersten Emir des »Islamischen Staats«, dem Iraker Abu Bakr al-Baghdadi.

Der dem Kaukasier direkt übergeordnete Abu Omar al-Kuwaiti stammt aus der Grenzregion zur Türkei. Seine Hauptaufgabe war, Freiwillige aus der Türkei nach Syrien zu schleusen sowie Waffen und Gelder, die er aus Kuwait erhielt, zu verteilen – auch an Abu al-Banat. Das brachte ihm den Beinamen al-Kuwaiti ein. Abu al-Banat kämpfte nicht gegen die syrische Armee, errichtete aber eine Terrorherrschaft. Ballout berichtet, wie er einem Dorfbewohner zwei Finger abgeschnitten habe, weil dieser gegen das Rauchverbot verstoßen und so »die für den Jihad wichtigen Engel vertrieben« habe. Nach dem Freitagsgebet habe der Psychopath häufiger die Ermordung von Dorfbewohnern angeordnet, um Schrecken zu verbreiten und sich die Menschen zu unterwerfen.

Das im Internet verbreitete Video über die Enthauptung von drei Dorfbewohnern wurde am 27. Juni 2013 auf der oppositionellen Website »all4syria« in einer kommentierten Fassung verbreitet. Dabei lässt der Kaukasier über seinen Übersetzer mitteilen, die drei Männer, die vor ihm auf dem Boden knieten, würden wegen Kollaboration mit dem syrischen Regime hingerichtet. Vor den Augen der Kinder und Frauen des Dorfs enthauptet er die drei. Im Hintergrund sind Russisch sprechende Stimmen zu hören. Anders als lange vermutet wurde, befand sich der Franziskanermönch François Murad nicht unter den Enthaupteten.

Ende Juni gingen andere Kommandeure des »Islamischen Staats« gegen Abu al-Banat vor. Die Website »kavkazcenter«, die von Tschetschenen betrieben wird und als Sprachrohr des »Emirats Kaukasus« gilt, berichtet, wie sie die Brigade von Abu al-Banat auflösten und ihn über die Grenze in die Türkei abdrängten. Wie viele Menschen Abu al-Banat getötet hat, ist nicht bekannt. Immer mehr verdichten sich die Hinweise darauf, dass er am 22. April 2013 zwei Bischöfe aus Aleppo entführt und später auch ermordet hat. Davon ist der syrisch-orthodoxe Christ und Journalist Erkan Metin aus Istanbul überzeugt, der den Fall akribisch untersucht.

An jenem 22. April holte Mar Gregorios Yohanna Ibrahim, der syrisch-orthodoxe Bischof von Aleppo, seinen griechisch-orthodoxen Kollegen Paul Yaziji am Grenzposten Bab al-Hawwa ab.

Bischof Yohanna hatte bis zu seiner eigenen Entführung in mehr als zwanzig Entführungsfällen verhandelt, zuletzt, um zwei entführte Geistliche freizubekommen. Er soll deshalb 500.000 Dollar in bar bei sich gehabt haben. Paul Yaziji traf um 13 Uhr an der Grenzstation ein, wo ihn Bischof Yohanna erwartete. Den silberfarbenen Kia Sorento fuhr der Diakon Fathallah Kabud. Mit im Wagen saß ein Freund, der der Kommunistischen Partei Syriens angehörte. Ihm gelang später die Flucht, und auch dank seiner Angaben wurden die Details der Entführung später öffentlich.

Auf dem Rückweg habe der Wagen 20 Kilometer von Bab al-Hawwa entfernt eine Straßenkontrolle der Freien Syrischen Armee passiert, sagt der Journalist Metin. 700 Meter danach habe ein Geländewagen die Verfolgung des Kia aufgenommen. Acht Bewaffnete hätten den Kia im Niemandsland angehalten, zwei von ihnen seien zu den Bischöfen in den Kia gestiegen und weitergefahren. Möglicherweise handelte es sich um einen gezielten Raubüberfall; möglicherweise war es Zufall, dass die Entführer auf die beiden Bischöfe gestoßen sind; möglicherweise richtete sich die Entführung aber auch gezielt gegen Russland, die selbst erklärte Schutzmacht der orthodoxen Christen des Nahen Ostens. Der Fahrer des Wagens versuchte zu fliehen und wurde von einem Heckenschützen, der aus einem Haus feuerte, getötet; seine Leiche wurde später auf einem Fabrikgelände eines nahe gelegenen Dorfes gefunden.

Die libanesische Zeitung ›al-Safir‹ schreibt unter Berufung auf jenen Freund, der entkommen konnte, dass die Entführer »tschetschenisch« gekleidet waren, lange Bärte trugen und kein Arabisch sprachen. Mehrere Websites – vor allem »kavkazcenter« und »all4Syria« – nannten bald Abu al-Banat als Chef der Entführer der beiden Bischöfe. In einem Schreiben der Istanbuler Polizei vom 3. Juli 2013, das der Journalist Erkan Metin in den Ermittlungsakten eingesehen hat, heißt es, dass die Bischöfe mit der Absicht festgehalten worden seien, bei einem Gefangenenaustausch an das Assad-Regime übergeben zu werden.

Am 1. Juli sagte der stellvertretende Sprecher der russischen

Duma, Sergej Schelesnjak, ihm lägen Informationen vor, dass die beiden Bischöfe getötet worden seien. »kavkazcenter« schreibt, Abu al-Banat habe beiden eine Sprengschnur umgelegt. Diese Art zu töten wurde in der Vergangenheit vor allem in Pakistan von den Taliban praktiziert. Der österreichische Konfliktforscher Wolfgang Danspeckgruber vom Liechtenstein Institute der Princeton University, der an den politischen Bemühungen zur Befreiung der Bischöfe beteiligt war, ist indessen davon überzeugt, dass die beiden noch leben. Dafür spreche, dass niemand deren Tod bekannt gegeben habe und dass die Bischöfe für Entführer und auch andere ein Faustpfand seien.

Die möglicherweise nicht geplante Ermordung der Bischöfe stand offenbar im Zusammenhang mit der Vertreibung von Abu al-Banat. Am 25. Juli berichtete die türkische Zeitung ›Vatan‹, bei einer Straßenkontrolle nahe Konya seien am 26. Juni »zwei Tschetschenen« namens Mogamed A. und Ahmad R. sowie die syrische Ehefrau von einem der beiden festgenommen worden. Sie hätten sich auf dem Weg von Syrien nach Istanbul befunden. Nach einem Verhör seien sie freigelassen worden. Ein beteiligter Polizeibeamter habe dann auf dem Video der Enthauptung vom 19. April den Jihadisten Abu al-Banat wiedererkannt und die Istanbuler Polizei benachrichtigt.

Bei einer Hausdurchsuchung im Istanbuler Stadtteil Bağcılar nahm die Polizei am 4. Juli Abdurachmanow alias Abu al-Banat fest. In der Wohnung fanden die Ermittler Handgranaten, Waffenmagazine, Patronen, Patronengürtel und die schwarzen Gewänder, die in dem Enthauptungsvideo zu sehen sind.

Die Istanbuler Staatsanwaltschaft erhob zunächst Anklage gegen Abu al-Banat wegen Mitgliedschaft in der Terrororganisation al-Qaida und wegen illegalen Waffenbesitzes. Sie wollte gegen Banat auch wegen Verbrechen gegen die Menschlichkeit ermitteln. Am 26. August erteilte das Justizministerium dem aber eine Absage. Die Enthauptungen seien eine innere Angelegenheit Syriens; die Türkei habe durch sie keinen Schaden erlitten, heißt es in dem Schreiben des Ministeriums.

Abu al-Banat ist seit seiner Verhaftung im Hochsicherheitsgefängnis Maltepe im Osten Istanbuls inhaftiert. Der Prozess vor einem Sondergerichtshof gegen ihn sollte im Mai 2014 beginnen. Die Sondergerichte wurden aber am 6. März 2014 aufgelöst. Mutmaßlich wird der Fall dem Schwurgericht im Istanbuler Stadtteil Bakırköy übertragen. Die Akten wurden dorthin gebracht. Die für die Christen des Nahen Ostens wichtigste Frage wird sein, ob Banat auch zu den Bischöfen verhört werden wird.

Vertreibung: die orientalischen Christen

Das Schicksal der zwei Bischöfe aus Aleppo ist nur ein Beispiel, wie sehr die Christen dort, wo das Christentum seine erste Blütezeit hatte, in der Gegenwart in ihrer Existenz bedroht sind. Die Nachrichten über Entführungen und die Tötung von Geistlichen sowie die Schändung von Kirchen reißen nicht ab. Vier Monate nach den Bischöfen wurde nahe Raqqa der italienische Jesuitenpater Paolo Dall'Oglio entführt; auch von ihm lag Ende 2014 kein Lebenszeichen vor. Am 8. April 2014 wurde hingegen der niederländische Jesuitenpater Frans van der Lugt, der mit syrischen Christen in der stark zerstörten Altstadt von Homs ausgeharrt hatte, von einem Attentäter gezielt hingerichtet. Zu dem Zeitpunkt hatte jeder zweite Christ, der zu Beginn des Konflikts 2011 noch in Homs lebte, die Stadt verlassen. 40 Prozent der drittgrößten Stadt Syriens waren zerstört; mindestens jeder fünfte Christ hatte sein Heimatland verlassen. Nachdem zuvor alle Juden Syrien verlassen hatten, stirbt mit den Christen die älteste noch in Syrien wohnhafte Bevölkerungsgruppe aus.

Glücklich endete lediglich der Fall der 13 Nonnen des Thekla-Klosters in Maalula, die am 3. Dezember 2013 von der Terrororganisation Nusra-Front entführt worden waren. Sie wurden drei Monate später nach einer Vermittlung durch Qatar in einem Gefangenenaustausch freigelassen. Die Nusra-Front hatte sie zu Geiseln genommen, als sie in wenigen Tagen die sechs christlichen Städte im Qalamun-Gebirge nördlich von Damaskus einnahm – neben Maalula auch Saidnaya, Sadad, Qarah, Deir al-Atiyeh und Nabk. In allen Städten zerstörte sie Häuser, schändete die Kirchen, auch das Thekla-Kloster aus dem 4. Jahrhundert, und hinterließen die Botschaft, dass in ihrem Herrschaftsbereich die Christen nichts mehr verloren hätten. Männer, die einen christlichen Namen trugen und bereit waren, zum Islam zu konvertieren, überlebten. Wer dazu nicht bereit war, wurde auf der Stelle hingerichtet.

Unter den Christen Syriens, die auf eine Existenz von zwei Jahrtausenden zurückblicken, hat eine Endzeitstimmung eingesetzt. Christus ist in Bethlehem geboren, das Christentum aber in Damaskus. Denn in Damaskus war Hananias zur Geraden Straße gegangen, um Saulus zu heilen, und so wurde dieser zum Christen Paulus. In Damaskus wird das Haupt Johannes des Täufers aufbewahrt, und in Damaskus wurde im Jahr 650 Johannes Damascenus geboren, der als letzter Kirchenvater verehrt wird. Der hatte im jungen Islam, der sich von 632 an verbreitete, lediglich eine arianische Häresie gesehen und die Bekehrung der heidnischen Araber begrüßt. Die frühchristliche Sekte der Arianer hatte die Trinitätslehre abgelehnt und lediglich Gottvater als Gott anerkannt.

In Syrien wünscht sich eine große Mehrheit der Christen, dass das säkulare Regime überlebt. So sagt der armenische Bischof von Damaskus, Armash Nalbandian: »Die Stabilität der Regierung gewährleistet unsere Stabilität als Kirche und als religiöse Minderheit. Ich setze mein ganzes Vertrauen in die Regierung. Die Sicherheit des Landes ist die Sicherheit der Kirche, ist keine Stabilität gewährleistet, ist die Kirche auch nicht sicher.«

Im Irak ist die Lage der Christen und anderer Minderheiten noch schlimmer als in Syrien. In den Monaten Juni bis September 2014 hat der IS bei seinem Eroberungszug im Westen und Norden des Landes alle vertrieben oder hingerichtet, die nicht seine Version des sunnitischen Islams angenommen haben. Opfer waren auch die Yeziden, die in der Ebene westlich von Mossul und um das 1463 Meter hohe Sinjar-Gebirge gesiedelt hatten. Der IS startete seine Angriffswelle auf die Region am 3. August; 400.000 Yeziden, die ethnisch Kurden sind, flohen nach Syrisch-Kurdistan oder Irakisch-Kurdistan. Mehr als 100.000 suchten im Sinjar-Gebirge Schutz; eine der größten humanitären Rettungsaktionen der jüngsten Zeit unter Führung der Vereinigten Staaten, Großbritanniens und Australiens versorgte sie vom 7. August an mit dringend benötigten Nahrungsmitteln. Erst am 18. Dezember durchbrachen 8000 kurdische Peschmerga mit internationaler Luftunterstützung die Belagerung des Sinjar-Gebirges durch den IS und zwangen die Jihadisten zur Flucht in ihre Hochburgen in Mossul und Talafar.

Wer im August nicht rechtzeitig fliehen konnte, den schlachteten die Jihadisten ab. Denn die Yeziden sind für sie »Teufelsanbeter« – was indes ein Missverständnis ist. Das Yezidentum, eine der ältesten Religionen der Welt, hat zwar Teile anderer Religionen übernommen, seinen Kern aber bewahrt. So lehnen die Yeziden die dualistische Unterscheidung von Gut und Böse ab; aufgrund der Allmacht des einen Gottes könne es kein Böses geben. Diese Lehre führte aber dazu, dass extremistische Muslime sie als »Teufelsanbeter« verunglimpfen. Damit rechtfertigte der IS auch, dass er mehrere Tausend yezidische Frauen und Mädchen gefangen nahm, dass sie vergewaltigt und danach als Sklavinnen, meist Sexsklavinnen, verkauft wurden. Am 14. August beendeten amerikanische Luftschläge und eine Offensive kurdischer Bodentruppen die Belagerung des Sinjar-Gebirges durch den IS. Der startete im November eine weitere Belagerung des Gebirgszugs.

Eingesetzt hat im Sommer 2014 auch ein apokalyptischer Exodus der Christen aus dem Nordirak. Abu Bakr al-Baghdadi hatte in seiner Predigt vom 18. Juli 2014 die Christen von Mossul vor die Wahl gestellt, zum Islam zu konvertieren oder als Schutzbefohlene (*dhimmi*) die Kopfsteuer (*jizya*) zu zahlen. Er gab ihnen 24 Stunden Zeit, sich zu entscheiden. Die meisten der 35.000 Christen der Stadt – ein Jahrzehnt zuvor hatten noch doppelt so viele Christen in Mossul gelebt – flohen umgehend. An den Kontrollpunkten wurden ihr Bargeld und der Schmuck der Frauen konfisziert, teilweise auch die Autos. Fünf Familien waren zur Flucht zu alt, sie konvertierten zum Islam. Damit leben erstmals seit 1600 Jahren keine Christen mehr in Mossul.

Am Abend des 6. August begann der »Islamische Staat« eine nicht erwartete Offensive gegen die Städte und Dörfer im Osten Mossuls, wo zu diesem Zeitpunkt noch 200.000 Christen lebten. Sie alle flohen in derselben Nacht zu Fuß mit dem Ziel Irakisch-Kurdistan. In den Tagen danach zerstörten die Krieger des IS christliche Städte wie Karakosch, wo 50.000 Christen gelebt hatten; sie entweihten alte Klöster wie Baashiqa und Bahnam, sie verbrannten Manuskripte, die bis zu 1500 Jahre alt waren. In der Fortsetzung von Bamiyan, wo die Taliban im März 2001 vier Buddhastatuen in die Luft gesprengt hatten, und von Timbuktu, wo Jihadisten im Mai 2012 historische Mausoleen und Bibliotheken zerstörten, macht auch der IS alles dem Erdboden gleich, was nicht in sein enges Weltbild passt. So wurden in Mossul und Umgebung die Grabstätten der Propheten Jonas und Georg zerstört, ebenso der Schrein des Set, des dritten Kindes von Adam und Eva, vor allem aber Grabstätten, die den mystischen Sufis heilig sind, etwa das Grabmal und die Moschee des kurdischen Sufischeichs Izz al-Din al-Khaznawi in Tall Maaruf nahe Hassakeh.

Der Patriarch der mit Rom unierten chaldäischen Kirche, der in Bagdad residierende Louis Rafael I. Sako, richtete am 18. November 2014 in Wien bei einem interreligiösen Dialogtreffen einen eindringlichen Appell an die islamischen Religionsgelehrten und »die gemäßigte Mehrheit der Muslime«. Sie seien ja ebenso wie die Christen von den »barbarischen Akten gegen die Christen, Yeziden und andere Minderheiten im Namen des Islams schockiert«, sagte er. Es sei nun deren Verantwortung und nicht die einer ausländischen Macht, darauf eine Antwort zu geben. Die »schüchternen und hilflosen Erklärungen«, die bislang die Akte verurteilt haben, reichen nicht aus. »Schockierend« sei diese »unzulängliche« Reaktion der »offiziellen islamischen Gemeinschaft«.

Der Zorn der Jihadisten richtet sich gegen die Christen nicht allein, weil sie keine Muslime sind. Abu Omar al-Baghdadi, der erste Führer des IS hatte den arabischen Christen vorgeworfen, sie hätten die Ideen des Nationalismus und des Säkularismus eingeführt, sie seien also die Ursache dafür, dass der Islam als politisches Konzept durch den arabischen Nationalismus verdrängt worden sei. Das trifft durchaus zu. Die arabischen Christen waren in der Geschichte in den Gesellschaften, in denen sie lebten, immer ein Sauerteig. Sie führten in die Frühzeit des Islams das Denken und die Kultur der Antike ein. Im 19. Jahrhundert erneuerten sie die arabische Sprache, sie modernisierten das Bildungswesen und das politische Denken, etwa indem sie das Konzept des Säkularismus einführten.

Auch im Christentum gaben die orientalischen Christen wichtige Anstöße. Das Urchristentum und die Urgemeinde hatten ihre Blüte im Morgenland, das damals dem Abendland kulturell und zivilisatorisch in jeder Hinsicht überlegen und weit voraus war. Von den fünf frühchristlichen Patriarchaten, der Pentarchie, lagen drei – Alexandria, Antiochien und Jerusalem – im Orient; nur Rom lag im Westen, Konstantinopel zwischen Ost und West. Großen Theologen aus dem Osten – wie Origines (185 bis 251), Ephräm der Syrer (306 bis 373) und Gregor von Nyssa (335 bis 394) – verdankt die christliche Dogmatik entscheidende Anstöße. Sie konnte sich im Osten Anatoliens unter persischer Herrschaft frei entfalten, während die Römer die Christen bis zum Jahr 380 verfolgten. In Städten wie Edessa (heute Şanlıurfa) und Nisibis (heute Nusaybin) herrschte ein reges geistiges Leben und wurden theologische Grundfragen kontrovers diskutiert. In der christlichen Grenzstadt Edessa gab es viele frühchristliche Sekten, die ihre Dogmen noch nicht festgelegt hatten; die Kirche, die sich später durchsetzen sollte, war noch in der Minderheit. Nisibis war ein Zentrum für die Übersetzung griechischer Philosophie; sie bot vielen Häretikern Schutz und war eines der Zentren für die nestorianischen Christen, die von Byzanz verstoßen waren, weil sie die Lehre von den zwei Naturen Christi ablehnten.

Vom 4. Jahrhundert an lebten sich die orientalischen und westlichen Christen auseinander. Zu den großen theologischen Disputen gehörten die Natur Marias und die von Jesus Christus. Im Osten setzte sich die Lehre von Maria als der »Mutter Christi« durch, der Westen verehrt sie indes als »Mutter Gottes«. So entschied auch das Konzil von Ephesus im Jahr 431; der Patriarch von Konstantinopel, Nestor, unterlag. Ihm folgte fortan aber die nestorianisch genannte »assyrische Kirche des Ostens«, deren Missionare bis Indien und China kamen. Das Konzil von Chalzedon im Jahr 451 vertiefte die Spaltung. Es entschied, dass Christus zugleich wahrer Gott und wahrer Mensch sei, und erhob die Trinität zum Dogma. Die Ostkirchen aber beharrten auf der Position, dass Christus nur eine Natur habe, dass in ihm die menschliche und göttliche Natur eine Vereinigung eingingen. Ihre Kritiker belegten sie mit dem Schimpfwort »Monophysiten«, stellten also die »Einzigkeit der Natur« in den Vordergrund. Sie selbst nennen sich aber »Miaphysiten«, betonen damit die »Einheit« der beiden Naturen Christi. Diese Miaphysiten hatten einen bedeutenden Teil der frühen Christen gestellt.

Die vielen kulturellen Strömungen haben im Nahen Osten viele Kirchen entstehen lassen. Die Republik Irak hat in der Vergangenheit allein 14 Kirchen anerkannt. In der Neuzeit herrscht jedoch Endzeitstimmung. Erst wurden die Christen des Nahen Ostens das Opfer eines neuen Nationalismus, vor allem in der Türkei und in Ägypten. Danach setzte sich der Exodus zu Beginn des 21. Jahrhunderts als Folge der Invasion im Irak und der islamistischen Gewalt fort. Zu Beginn des 20. Jahrhunderts waren in den Ländern um das östliche Mittelmeer noch 20 Prozent der Bevölkerung Christen, heute sind es weniger als 4 Prozent. Zum Verhängnis wird den orientalischen Christen ferner, dass sie nur in säkularen Diktaturen eine Zukunft für sich sehen. Die zweitausend Jahre währende Geschichte des orientalischen Christentums nähert sich damit ihrem Ende.

Der Krieg gegen den »Islamischen Staat«

Koalition: Mobilmachung

Am 7. August 2014 wandte sich Präsident Barack Obama an die amerikanische Nation und an die Welt. Der Vormarsch des IS im Irak und das Schicksal der von Massakern bedrohten Yeziden hätten ihn überzeugt, dass Amerika militärisch handeln müsse, sagte er. Es gelte, das Leben von Amerikanern und die Minderheiten im Irak zu schützen sowie einen Vormarsch auf die kurdische Hauptstadt Arbil zu stoppen. Vom folgenden Tag an bombardierten amerikanische Kampfflugzeuge im Rahmen der Operation *Inherent Resolve* Stellungen des IS im Irak. Am 10. August eroberten kurdische Peschmerga, unterstützt durch die Luftschläge, mit Makhmur und Quwair die ersten Städte zurück.

Der IS, der mit seinen überlegenen Waffen in nur zwei Monaten weite Teile des Iraks erobert hatte und die Welt in Atem hielt, war damit zunächst gestoppt. Seine Trupps waren bis kurz vor Arbil vorgerückt, verbreiteten mit Terror Angst und Schrecken. Die Peschmerga, die im Partisanenkrieg erfahren sind, wurden vom IS überrascht, und die irakische Armee kollabierte nördlich von Bagdad völlig. Mehrere Faktoren ließen die seit 2003 neu aufgebaute Armee zu einer wirkungslosen Institution werden: Das Verteidigungsbudget von 17 Milliarden Dollar im Jahr leistete einer beispiellosen Korruption und Veruntreuung Vorschub; als Rekruten wurden viele Arbeitslose eingestellt, die sich nicht für den Soldatenberuf eignen; und Ministerpräsident Maliki setzte die Armee als Instrument für seine politischen Interessen ein und berief militärisch unerfahrene Parteigänger in führende Positionen.

Um einen Vorstoß des IS in die schiitischen Provinzen im Südirak zu verhindern, hatten die iranischen Revolutionswächter bereits im Juni rasch Einheiten in den Irak verlegt. Iran gehört jedoch nicht der Koalition gegen den IS an, für die Washington in wenigen Wochen 60 Staaten mobilisierte. Diese Staaten beteiligen sich an den Luftschlägen, senden Waffen und Ausbilder,

stellen humanitäre Hilfe bereit. Die Vereinigten Staaten übernahmen die Führungsrolle. Voreilig waren alle Vermutungen
gewesen, Amerika nach dem Rückzug aus dem Irak und dem
Beginn der Schieferölrevolution im Nahen und Mittleren Osten abzuschreiben. Fragen lassen müssen sich die Golfstaaten,
weshalb sie, obwohl der IS sie direkt bedroht, nicht in eigener
Initiative mit ihren modernen Luftstreitkräften gegen die Gefahr
vorgegangen sind.

Das Pentagon entsandte vom 13. August an 130 Militärbera-
ter in den Nordirak, im Sinjar-Gebirge landeten 20 Marines zur
Verteidigung der Yeziden. Bis Ende 2014 stockten die Vereinigten Staaten ihre Militärpräsenz im Irak auf 3100 Soldaten auf.
Luftschläge gegen Stellungen des IS am Staudamm von Mossul, dem größten im Irak, begannen am 16. August, eine Woche, nachdem er in die Hände der Jihadisten gefallen war. Am
17. August eroberten ihn die Peschmerga zurück. Die britische
Luftwaffe beteiligte sich ab dem 12. August an der Luftbrücke
im Sinjar-Gebirge; am 26. September autorisierte das Unterhaus
mit 524 gegen 43 Stimmen den Einsatz der Luftwaffe gegen den
IS, die Royal Air Force flog die ersten Einsätze am 30. September. Bereits seit dem 19. September beteiligten sich französische
Kampfflugzeuge nach einer Autorisierung durch Staatspräsident François Hollande an den Luftschlägen im Raum Mossul. Das australische Kabinett billigte am 3. Oktober die Ent-
sendung von Kampfflugzeugen der Royal Australian Air Force.
Die Luftschläge der kanadischen Luftwaffe gegen die Stellungen
des »Islamischen Staats« begannen am 2. November. Deutsche
Milan-Raketen spielten bei der Rückeroberung der Stadt Zumar
nordwestlich von Mossul eine entscheidende Rolle.

Die fünf wichtigsten arabischen Staaten, die sich der Koalition anschlossen – Saudi-Arabien, die Vereinigten Arabischen
Emirate, Qatar, Bahrain und Jordanien –, griffen hingegen vom
23. September an Stellungen des IS in Syrien an, wo am 16. September die Schlacht um die kurdische Enklave Kobane begonnen hatte.

Am 9. August, dem Tag nach den ersten Luftschlägen im Irak, sagte Präsident Obama, die Operation werde »ein langfristiges Projekt«. Ende August räumte er ein, die Vereinigten Staaten hätten noch keine Strategie für den Krieg gegen den IS. Am Vorabend des Jahrestages der Terroranschläge vom 11. September 2001 bezeichnete er den IS eine erhebliche Bedrohung für die Vereinigten Staaten, ihre Verbündeten und die Stabilität des Nahen Ostens. Ziel sei, den IS als zu »schwächen und schließlich zu vernichten«. Dabei kündigte er auch an, mit oder ohne Ermächtigung durch den Kongress mit Luftschlägen in Syrien zu beginnen.

Das Kriegsziel ist hochgesteckt: den IS nicht nur zu schwächen, sondern ganz zu vernichten. Dazu muss er in beiden Ländern militärisch vernichtet werden, seine Finanzquellen müssen ausgetrocknet und die Nachschubwege blockiert werden. Ziel muss sein zu verhindern, dass er sich in weitere Länder ausbreitet und sich weitere Terrornetzwerke in seiner Nachfolge bilden. Diese Ziele machen den Krieg gegen den IS in der Tat zu einem »langfristigen Projekt«. Die ersten Monate der militärischen Operation waren erfolgreich. Eine Strategie, die zu einer Vernichtung des IS führen soll, hat aber mehr zu enthalten. Es reicht nicht, die Terrororganisation militärisch in die Knie zu zwingen; um ein Ausbreiten des IS auf Nachbarstaaten zu verhindern, müssen diese militärisch und politisch gestärkt werden. Dazu gehört, Länder, in denen sich Ableger des IS eingenistet haben, in die Lage zu versetzen, gegen diese vorzugehen; gefährdet sind Ägypten, wo die Ansar Bait al-Maqdis vom Sinai aus operieren, sowie der Libanon und Jordanien. Zu einer langfristigen Strategie gehört auch, die Spannungen zwischen den Regionalmächten, vor allem Saudi-Arabien und Iran, dauerhaft beizulegen.

Kompliziert wird die Strategie dadurch, dass sie für den Irak und für Syrien anders aussehen muss. Im Irak versucht der IS, durch das Schüren des Konflikts zwischen Sunniten und Schiiten der Regierung in Bagdad die Legitimation zu entziehen, um diese dann in einem zweiten Schritt direkt angreifen zu können.

Das kann nur vereitelt werden, wenn – zusätzlich zu dem militärischen Vorgehen – die Politik in Bagdad dem IS keine weiteren Steilvorlagen mehr liefert und die Sunniten in eine inklusive Regierung einbindet, ihnen also eine politische Rolle einräumt. Die Ablösung des polarisierenden Ministerpräsidenten Nuri al-Maliki, der von 2006 bis 2014 regiert hat, durch den flexibleren Haidar al-Abadi war dazu ein wichtiger Schritt. Ausgebaut werden muss ferner das militärische Vorgehen. Will die Koalition Mossul zurückerobern und von den Jihadisten säubern, wird es nicht ohne verstärkte Anstrengungen auf dem Boden gehen, werden also mehr und stärkere Bodentruppen erforderlich sein. Solange der IS Mossul hält, kann er sich einer Vernichtung entziehen. Wenn die kurdischen Peschmerga Mossul erfolgreich angreifen sollen, benötigen sie erheblich modernere Waffen.

In Syrien hingegen bekämpft der IS vorrangig die militärisch schwächeren Rebellen, also die Nusra-Front und die Freie Syrische Armee; er greift auch die kurdischen Enklaven an. Das Regime und der IS verzichten jedoch weitgehend darauf, sich gegenseitig anzugreifen. Luftschläge allein werden den IS in Syrien nicht in die Knie zwingen; Präsident Obama hat jedoch ausgeschlossen, Bodentruppen zu entsenden. Auch bei den arabischen Staaten ist eine Bereitschaft dazu nicht vorhanden; dabei hatten sie 1991 bei der Befreiung von Kuwait eine wichtige Rolle gespielt. Die Koalition steht damit vor der Alternative, mit dem Regime Assad zusammenzuarbeiten oder die Rebellen so zu stärken, dass sie dem IS standhalten und ihn zurückdrängen können. Die Stärkung der Rebellen bedürfte großer Anstrengungen und viel Zeit – was den Westen vor das Dilemma stellt, entweder doch die Zusammenarbeit mit Assad zu suchen oder aber das Kriegsziel für Syrien abzuschwächen. Letzteres birgt jedoch die Gefahr, dass Syrien für den IS ein sicheres Rückzugsgebiet würde. Sollte Assad gestürzt werden, worauf die Golfstaaten und die Türkei weiter bestehen, bestünde die Gefahr, dass sich die syrischen Baathisten, wie zuvor die Baathisten im Irak, dem IS anschließen, um so die neue, von außen installierte Regierung zu bekämpfen. Das würde den IS stärken. Will man das nicht, führt kein Weg daran vorbei, erst den IS zu besiegen, bevor über die Zukunft von Damaskus entschieden wird.

Amerikas Rückkehr in den Irak ist die Fortsetzung der kriegerischen Jahre von 2003 bis 2011. Denn erst die Invasion von 2003 hatte ja die Voraussetzungen für das Entstehen des IS geschaffen, und der vorzeitige Abzug 2011 ermöglichte seine Expansion. Aus gutem Grund wollen die Vereinigten Staaten keine neuen Kampftruppen entsenden. Sie wollen nicht die Arbeit für die arabischen Staaten übernehmen, damit diese weiter abseits stehen können. Seit Präsident Obama entschlossen handelt, ist zwar das Misstrauen der arabischen Verbündeten gegenüber Washington wegen dessen Zaudern, etwa nach dem Giftgasangriff vom 21. August 2013, zurückgegangen. Die arabischen Regierungen verhalten sich aber weiter so, als solle Amerika doch selbst die Suppe auslöffeln, die es sich und anderen mit der Invasion im Irak 2003 eingebrockt hat.

Die amerikanische Regierung hat wiederum seit dem Beginn des Kriegs gegen den IS keine andere Wahl, als mit den autokratischen arabischen Regimen zusammenzuarbeiten, will sie die Region stabilisieren. Die Regime atmen auf, weil damit der äußere Druck zu Reformen, die die Demonstranten des Jahres 2011 gefordert haben, weiter abnimmt und sie nun wieder freie Hand haben, im Inneren die Repression zu erhöhen. In Ägypten herrscht keine Einsicht, dass die brutale Verfolgung der Muslimbruderschaft einer neuen Radikalisierung der Islamisten Vorschub leistet und einen Nährboden für neuen Terrorismus schafft. Das könnte verhindert werden, würde der politische Arm der Muslimbrüder als legalisierte Opposition in das politische System integriert. Von allen Ländern am meisten ist der Libanon durch den IS gefährdet; der hatte im August 2014 eine Woche im Norden des Landes die Stadt Arsal besetzt gehalten. Eine Gefahr für die innere Sicherheit sind die syrischen Flüchtlinge, die mindestens ein Viertel der Bevölkerung ausmachen. Zur Stärkung der libanesischen Armee hat Saudi-Arabien Ende

2013 3 Milliarden Dollar bereitgestellt; damit sollen französische Waffen gekauft werden. Das saudische Königshaus will die libanesische Armee zweifach stärken: gegenüber dem äußeren Feind IS und im Inneren gegen die von Iran gut bewaffnete schiitische Hizbullah.

Kobane: Schicksalsschlacht

Der IS erwartet in Dabiq die große eschatologische Schicksalsschlacht. Eine erste Schicksalsschlacht fand jedoch 50 Kilometer westlich davon statt, in der Stadt Ain al-Arab, die bei den Kurden Kobane heißt. Der türkische Staatspräsident Tayyip Erdoğan erklärte Anfang Oktober 2014 bereits: »Kobane ist dabei zu fallen.« Da wurde Kobane, die mittlere der drei kurdischen Enklaven an der Grenze zur Türkei, zu einem Objekt des Prestiges. Kobane sollte der Stresstest der Koalition gegen den IS werden; in Kobane hatte die Staatengemeinschaft zu demonstrieren, dass der IS keineswegs unbesiegbar ist; zudem musste die Türkei in Kobane offenlegen, wie sie sich gegenüber dem IS verhält. Dieser wiederum mobilisierte in Kobane mehr Ressourcen als bei jeder anderen Schlacht; dort wollte er zeigen, dass er seinen Siegeszug auch gegen die internationale Unterstützung für Kobane fortsetzen kann, um so schließlich den gesamten Grenzverlauf zur Türkei zu kontrollieren. Daher zitierte das ›Wall Street Journal‹ am 21. Oktober 2014 amerikanische Regierungsmitglieder mit den Worten, Kobane sei symbolisch zu wichtig, als dass die Stadt aufgegeben werden dürfe.

Am 19. Juli 2012 hatten die lokalen kurdischen »Volksverteidigungseinheiten« (YPG) den überwiegend von Kurden bewohnten Kanton Kobane unter ihre Kontrolle gebracht. Die größte kurdische Partei, die »Partei der Demokratischen Union« (PYD), begann ihr Projekt der Selbstverwaltung, das stark von den Ideen der »Arbeiterpartei Kurdistans« (PKK) beeinflusst ist. Abdullah Öcalan, der Gründer und Vorsitzende der PKK, war vor dem Militärputsch in der Türkei vom 12. September 1980 über die Grenze nach Kobane geflüchtet; er war in Ömerli, 60 Kilometer nordwestlich von Kobane, geboren worden. Nun warb er bei den syrischen Kurden in Kobane und anderen Städten für seine Ideen. Die syrischen Kurden folgten Öcalan auch, als er aus einem türkischen Gefängnis, in dem er seit 1999 einsitzt, die Forderung aufgab, einen kurdischen Staat zu gründen, und die Selbstverwaltung zur Maxime machte. Die PYD, die Schwesterpartei der PKK, fordert, dass sich der syrische Staat nicht länger als »Arabische Republik« definiert. Auf dem arabischen Charakter auch eines künftigen Syriens beharrt jedoch die syrische Exilopposition, der sich andere kurdische Parteien angeschlossen haben, nicht aber die PYD. Aus diesem Grund haben in den drei kurdischen Kantonen Cizire, Kobane und Afrin die anderen kurdischen Parteien nur einen geringen Rückhalt. Dominierende politische Kraft ist die PYD, die mit der PKK eng liiert ist. Das erklärt wiederum das feindliche Verhalten der Türkei gegenüber Kobane.

Der IS ist von Süden her seit Mitte 2013 auf Kobane vorgerückt. Am 16. September 2014 begann er, den Kanton auf allen drei Flanken einzukreisen; von Tag zu Tag zog er den Belagerungsring enger. In vier Tagen näherte er sich der Stadt bis auf 15 Kilometer, 60.000 Menschen waren bereits auf der Flucht. Die türkischen Grenzbehörden verwehrten ihnen zunächst die Einreise. Vom 21. September an beschoss der IS die Stadt Kobane. Am 27. September bombardierten Flugzeuge der Koalition erstmals Stellungen des IS, der bereits drei Viertel des Kantons beherrschte. In den folgenden zwei Tagen näherte sich der IS der Stadtgrenze bis auf zwei Kilometer, so dass sich die YPG-Einheiten auf einen Häuserkampf vorbereiteten. Am 2. Oktober hatte der IS trotz anhaltender Luftschläge alle 354 Dörfer um Kobane eingenommen, hatte 300.000 Menschen vertrieben, hatte mit Vergewaltigungen, Hinrichtungen und Enthauptungen Angst und Schrecken verbreitet. Am folgenden Tag besetzte der IS die ersten Straßenzüge im Süden Kobanes, das zur Geisterstadt geworden war. Unterstützt von Heckenschützen und Artillerie auf dem nahegelegenen Hügel Mistanur rückten die Krieger in die Stadt ein und hissten ihre schwarze Flagge.

In verlustreichen Straßenkämpfen weitete der IS bis zum 10. Oktober seine Kontrolle auf 40 Prozent der Stadt aus und näherte sich ihrem Zentrum, obwohl Luftschläge der Koalition auch in der Stadt Panzer zerstörten. Prediger des IS riefen von den Lautsprechern der Moscheen, die sie kontrollierten, zum Jihad und zum Kampf »gegen die Amerikaner« auf. Bei den kurdischen Verteidigern wurde die Munition knapp. Der IS ersetzte seine getöteten Krieger rasch durch neue Rekruten, die auch aus dem Norden des Iraks kamen und, ebenso wie die Waffen, über Raqqa nach Kobane gebracht wurden. In der Regel setzt der IS bei seinen Eroberungszügen etwa 250 Krieger ein. Wie wichtig für ihn die Eroberung von Kobane war, zeigt sich darin, dass er für diese Schlacht 3000 Krieger sowie schwere Waffen aufgeboten hatte.

Ihnen standen 2500 Kämpfer gegenüber. Sie setzten sich aus den kurdischen YPG, deren Frauenkampfverband YPJ sowie den lokalen Gruppen der Freien Syrischen Armee zusammen; zu ihnen kamen am 31. Oktober 150 Peschmerga mit schweren Waffen aus dem Irak hinzu, denen die Türkei nach Verhandlungen die Einreise nach Kobane erlaubte. Wichtig waren vor allem die Waffen. Denn die YPG verfügten lediglich über leichte Waffen, die sie auf dem Schwarzmarkt erworben hatten.

Vom 11. Oktober an geriet der IS in die Defensive. Nach großen Verlusten musste er sich, obwohl er bereits die Hälfte der Stadt kontrolliert hatte, zurückziehen. Unterstützt durch massive Bombardierungen aus der Luft eroberten die kurdischen Einheiten bis zum 15. Oktober 80 Prozent der Stadt zurück. Von der südlichen Flanke wurde Kobane aber weiter beschossen. Am 19. Oktober warfen drei amerikanische Transportflugzeuge über der Stadt leichte Waffen, Munition und medizinischen Bedarf ab. Wiederholte Versuche des IS, abermals in die Stadt vorzudringen, scheiterten; ebenfalls scheiterten fünf Anläufe, eine Schneise zum Grenzposten mit der Türkei zu schlagen. Der Triumph in Kobane blieb ihnen verwehrt. Am 12. November konnten die kurdischen Einheiten die Straße nach Raqqa, die für den Nachschub des IS wichtig war, unter ihre Kontrolle bringen. Noch immer hielten Einheiten des IS Stadtteile im Süden Kobanes. Der IS setzte zur Erkundung weiterer Stadtteile Drohnen ein; eine Drohne wurde Ende November abgeschossen. Eine Großoffensive zur Rückeroberung der Stadt, die am 29. November begann, scheiterte. Eine IS-Einheit war dazu über die Türkei von Norden her in die Stadt eingedrungen und beschoss Kobane von Getreidesilos, die direkt an der Grenze stehen. Auch dieser Anlauf, Kobane einzukesseln, scheiterte.

In der Türkei führte die Schlacht um Kobane zu Spannungen zwischen Türken und Kurden, die die Aussöhnung der Regierung mit den Kurden, die Tayyip Erdoğan noch als Ministerpräsident eingeleitet hatte, gefährdeten. Die PKK drohte, den Krieg gegen die Türkei wiederaufzunehmen, sollte Ankara den Grenzübergang bei Kobane nicht öffnen. Die Türkei erlaubte zwar die vorübergehende Einreise von 300.000 kurdischen Flüchtlingen, nicht aber die Ausreise von kampfwilligen Kurden aus der Türkei nach Kobane, und zunächst auch nicht den Transit von Peschmerga aus dem Irak.

Zudem griff eine Panzereinheit der türkischen Armee, die direkt an der Grenze stationiert wurde, nicht in die Schlacht ein. Erdoğan sagte, die Türkei werde erst dann eingreifen, wenn das oberste Ziel der Koalition Assads Sturz sei. Der stellvertretende Vorsitzende der Regierungspartei AKP, Yasin Aktay, bezeichnete die Schlacht von Kobane eine Auseinandersetzung zweier Terrororganisationen. Die Kurden warfen der Türkei daher Komplizenschaft mit dem IS vor. Bei Zusammenstößen kurdischer Demonstranten mit türkischen Sicherheitskräften wurden 31 Menschen getötet. Kritik gab es auch von sunnitischen Arabern und der Freien Syrischen Armee, die den Vereinigten Staaten vorwarfen, sie führten Krieg für die Kurden und gegen die sunnitischen Araber.

Die Fronten

Kurden: Schutzwall im Norden

Die längste Grenze mit dem IS hat mit fast 1000 Kilometern die autonome Region Irakisch-Kurdistan. Damit sind die irakischen Kurden ein unverzichtbarer Partner im Krieg gegen den IS. Zunächst schien es, als seien sie ein Gewinner des Kriegs. Am 12. Juni 2014 setzte der IS zur Eroberung der Ölstadt Kirkuk an, die von den Kurden beansprucht wird, aber offiziell nicht der Kurdischen Regionalregierung untersteht. Peschmerga hatten seit 2003 die Nordgrenze Kirkuks kontrolliert, die irakische Armee war für den Süden der Stadt verantwortlich; im Osten und Westen unterhielten sie gemeinsame Kontrollen. Bereits am 10. Juni, dem Tag, an dem Mossul fiel, unterrichtete die Regierung in Bagdad die kurdische Regierung in Arbil, dass sich die irakische Armee aus Kirkuk zurückziehe und die Peschmerga die Verantwortung für die ganze Stadt übernehmen sollten. Zwei Tage später griff der IS an, die Peschmerga ließen ihn aber abprallen.

Die irakischen Kurden hatten über Jahre gesagt, dass es einen kurdischen Staat nicht geben werde, solange Kirkuk nicht zu diesem Staatsgebiet gehöre. Nun war Kirkuk faktisch Teil von Irakisch-Kurdistan geworden. Das kurdische Parlament in Kirkuk forcierte nun die Arbeit an zwei Referenden. In einem sollten die Einwohner von Kirkuk darüber abstimmen, zu welchem Staat sie gehören wollten, zum Irak oder zu Kurdistan; bei dem anderen sollten die Einwohner von Irakisch-Kurdistan darüber entscheiden, ob sie einen eigenen Staat ausrufen. Noch am 23. Juni sagte Massud Barzani, der Präsident von Irakisch-Kurdistan: »Es ist Zeit für die Kurden, ihre Zukunft selbst zu bestimmen.«

Eine weitere Großoffensive des IS durchkreuzte diese Pläne. Am 4. August flohen die Peschmerga, die um das Sinjar-Gebirge die Yeziden verteidigen sollten; darauf drangen von Syrien her »Volksverteidigungskräfte« der syrischen Kurden (YPG) und der PKK (HPG) zum Sinjar-Gebirge vor und schufen einen Korridor, über den 150.000 Yeziden über den Tigris nach Syrisch-Kurdistan fliehen konnten. Dann rückte der IS am 5. August mit Waffen, die er in den Beständen der aus Mossul geflohenen irakischen Armee erbeutet hatte, bis auf 50 Kilometer auf Arbil vor. Darauf handelte der amerikanische Präsident umgehend.

Für die irakischen Kurden verschoben sich im August 2014 jedoch die Prioritäten. Wichtiger als die Unabhängigkeit war nun der Krieg gegen den IS, und der ist eher zu gewinnen, wenn Kurdistan ein Teil des irakischen Staats bleibt. Die Kurden sind zwar überwiegend sunnitische Muslime. Dennoch bekämpft der IS sie mit Feuereifer. Seine Ideologen sehen in den Kurden aus zwei Gründen keine Muslime, sondern »Ungläubige«. Denn die Kurden sind keine dogmatischen Muslime, sondern praktizieren ihre Religion recht liberal; zudem sind den säkularen Kurden Werte wie Freiheit und Toleranz wichtig, was im Widerspruch zur totalitären Ideologie des IS steht.

In 26 Brigaden sind etwa 75.000 kurdische Peschmerga organisiert. In der zweiten Jahreshälfte 2014 sind nach Angaben der Kurdischen Regionalregierung mehr als 700 Peschmerga im Krieg gegen den IS gefallen. Die Peschmerga haben erst seit 2003 mehr als nur leichte Waffen. Damals erbeuteten sie aus den Beständen der irakischen Armee gepanzerte Fahrzeuge und Artillerie; zudem erhielten sie amerikanische und französische Hubschrauber. Die Kurdische Regionalregierung beantragte in Washington als Folge des Vormarsches auf Arbil geeignete Waffen für den Krieg gegen den IS; denn solange andere Länder der Koalition keine Bodentruppen entsenden, seien die Kurden auf wirksamere Waffen und eine bessere Ausbildung angewiesen. Präsident Obama ging zunächst nicht darauf ein, um die Regierung in Bagdad nicht zu verärgern. Im November 2014 lieferte Washington jedoch erstmals auch direkt an die Peschmerga Waffen.

Unabhängig von den kurdischen Peschmerga haben die syrischen Kurden in ihren drei Kantonen, die nicht miteinander

verbunden sind, eigene Milizen aufgebaut. Zu den »Volksverteidigungseinheiten« für die Männer (YPG) und die Frauen (YPJ)
kommen die 3000 Mann starke Miliz von Scheich Humaidi
Dahham al-Hadi Jarba, des Oberhaupts des arabischen Stamms
der Schammar, und die Miliz des »Militärrats der Suryani«, zu
dem sich 500 syrisch-orthodoxe Christen zusammengeschlossen haben. Der YPG und YPJ gehören in Cizire, dem größten
der drei Kantone, 13.000 Bewaffnete an; Frauen stellen davon
ein Drittel. Die am 19. Juli 2012 gegründeten »Volksverteidigungseinheiten« haben in den ersten zwölf Monaten im Norden
Syriens kurdische Gebiete, die von Islamisten wie der Nusra-
Front und den *Ahrar al-Sham* besetzt worden waren, befreit –
beispielsweise kurdische Siedlungsgebiete um Aleppo sowie im
Juli 2013 die strategisch wichtige Stadt Sarikani (arabisch Ras
al-Ain) und im Oktober 2013 Tell Kotschar (arabisch Yarubiyah)
am Tigris. Seither konzentrieren sie sich auf die Verteidigung der
kurdischen Siedlungsgebiete. Bis Ende 2014 sind nach eigenen
Angaben 1800 Männer und Frauen der YPG und YPJ gefallen.

Die Frauen der YPJ und Männer der YPG verteidigen die
Front gemeinsam, aber an getrennten Abschnitten. Die Frauen
sind meist zwischen 18 und 25 Jahre alt, nicht verheiratet und
werden in eigenen Trainingslagern an der Waffe ausgebildet, vor
allem im Umgang mit der Kalaschnikoff, mit Schnellfeuerka-
rabinern, mit dem Maschinengewehr M60 und dem schweren
Maschinengewehr Doschka, das auf Kleinlastwagen montiert
ist. Trainiert wird auch der direkte Feindkontakt. Im täglichen
politischen Unterricht stehen die Geschichte Kurdistans und die
Frauenbewegung im Vordergrund; dazu werden die Werke des
PKK-Führers Öcalan gelesen. Dabei lernen die Frauen, dass sie
einen doppelten Kampf kämpfen: einen zur Verteidigung ihres
Landes und einen, wie sie betonen, gegen die Vorherrschaft der
Männer. Noch immer geschähen zu viele »Ehrenmorde«, denn
noch immer sähen zu viele Männer in der Frau zunächst ihre
eigene »Ehre«, die sie glaubten, verteidigen zu müssen.

An drei Flanken ist Kobane, der mittlere Kanton, vom IS bedroht; die Grenze im Norden zur Türkei ist geschlossen. Der Kanton Cizire mit dem Zentrum Qamishli und der Hauptstadt Amuda hat jedoch eine Landverbindung mit Irakisch-Kurdistan; eine Pontonbrücke über den Tigris bei Semalka ist der einzige Außenkontakt des Kantons. Denn im Juni 2014 eroberte der IS die irakische Stadt gegenüber von Yarubiyah. Der IS startet alle drei bis vier Wochen von Süden einen großen Angriff auf Cizire, ohne aber Geländegewinne zu erzielen, so dass sich am Frontverlauf wenig ändert. Auch bei Afrin, dem Kanton in Westen, hält die Türkei, wie bei Kobane und Cizire, die Grenzposten geschlossen. Der einzige Grenzübergang für die Bewohner von Afrin befindet sich außerhalb ihres Kantons bei der Stadt Azaz, die von der gemäßigten »Islamischen Front« gehalten wird, die von Saudi-Arabien unterstützt wird, im Kampf gegen den IS aber Ermüdungserscheinungen zeigt. Die YPG und die »Islamische Front« arbeiten hier zusammen. Von Süden her bedrängt der IS direkt den Kanton Afrin, auf dessen Fläche zusätzlich zu den 700.000 Einwohnern eine halbe Million Flüchtlinge Zuflucht suchen.

Schiiten: Angriff von Süden

Der Krieg gegen den IS wird an zwei Fronten geführt – im Norden durch die Kurden, im Süden durch die irakischen Schiiten. Im Norden hatte der IS versucht, von Mossul nach Westen einen Korridor in die syrische Provinz Hassakeh zu öffnen; dazu musste das Sinjar-Gebirge erobert werden, was ihm trotz einer monatelangen Belagerung nicht gelang. Darüber hinaus versucht er, die gesamte syrische Grenze zur Türkei zu kontrollieren; dazu hätte er Kobane einnehmen müssen, was ihm ebenfalls nicht gelang. Im Osten prallt er an der Grenze von Irakisch-Kurdistan ab. Die Staatengemeinschaft unterstützt sowohl die »Volksverteidigungskräfte« der syrischen Kurden als auch die Peschmerga der irakischen Kurden. An der Front im Süden hatte der IS versucht, von Falluja, dem Zentrum der Provinz Anbar, in die schiitischen Provinzen im Südirak vorzurücken und vor allem in die schiitische Pilgerstadt Kerbela. Ein Riegel aus lokalen schiitischen Milizen und Einheiten der iranischen Revolutionsgarden verhindert das.

Denn unmittelbar nach der Eroberung Mossuls durch den IS am 10. Juni 2014 entsandte Iran 500 Soldaten seiner Eliteeinheit der Qods-Brigaden, die als Teil der Revolutionsgarden (Pasdaran) auf Einsätze im Ausland spezialisiert sind, in den Irak. Sie sollten Bagdad schützen sowie die schiitischen Wallfahrtsstätten Kerbela und Samarra. Noch vor dem amerikanischen Eingreifen verhinderten die iranischen Einheiten einen weiteren Vormarsch des IS. Iran hatte Aufklärungsdrohnen und Kampfflugzeuge geschickt, die Stellungen des IS bombardierten, was Teheran im Dezember 2014 bestätigte. Mit der Leitung und Koordination ist Qassem Solaimani beauftragt, der als Kommandeur der Qods-Brigaden seit 2003 im Irak mit militärischen und politischen Aufgaben betraut ist, unter anderem mit dem Schutz der irakischen Schiiten vor Übergriffen extremistischer Sunniten in den Jahren 2006 und 2007. In Syrien soll Solaimani entscheidend daran beteiligt gewesen sein, dass das Regime – nach den Rückschlägen Anfang 2012 – eine militärische Niederlage abgewendet und wieder Boden gewonnen hat. Iranische Einheiten unter Führung von Solaimani und die libanesische Hizbullah hatten im Mai 2013 von islamistischen Rebellen die strategisch wichtige Stadt al-Qusair zurückerobert. Solaimani soll zudem syrische Milizen für den Kampf gegen die Rebellen ausgebildet haben.

Er übernahm im Juni 2014 auch im Irak die Verantwortung für die Rekrutierung und Ausbildung von schiitischen Milizen. Sie hatten ihren ersten großen Einsatz in Amerli. Die irakische Armee hatte die agrarisch geprägte Kleinstadt 150 Kilometer nördlich von Bagdad verlassen, so dass die Einwohner ihre Verteidigung selbst in die Hand nahmen. Der IS belagerte die Stadt im Juli und August, konnte sie aber nicht einnehmen. Am 27. August 2014 begann eine Operation, bei der auf dem Boden schiitische Milizen, Einheiten der irakischen Armee und kurdische Peschmerga vorrückten; sie wurden aus der Luft von amerikanischen Kampfflugzeugen unterstützt. Geführt wurden die schiitischen Milizen von Qassem Solaimani, der auf der Sanktionsliste der Vereinten Nationen und der Vereinigten Staaten steht. Am 31. August sprengten die schiitischen Milizen den Belagerungsring von Amerli. Das erste Mal konnte der IS einen Ort nicht einnehmen, den er belagert hat.

Den Startschuss für die Mobilisierung der schiitischen Milizen hatte am 13. Juni 2014 Großajatollah Ali Sistani in der Pilgerstadt Najaf gegeben. In einer Fatwa, einem Rechtsgutachten eines islamischen Theologen, rief der einflussreichste schiitische Geistliche alle Iraker zum »bewaffneten Kampf« gegen den IS auf und zur »Volksmobilisierung«. Die Fatwa hatte in der Geschichte des Iraks nur einen Vorläufer: Die schiitischen Geistlichen hatten 1920 die Iraker aufgerufen, mit einer Revolution das Joch der britischen Kolonialmacht abzuschütteln. Fast ein Jahrhundert später rief Sistani wieder zu einem »bewaffneten Kampf« auf, mit der ausdrücklichen Aufforderung, auch den bedrängten Yeziden und Christen zu helfen. Man habe darauf gewartet, denn 2014 sei die Gefahr größer als 1920, sagten die Schiiten von Basra, der drittgrößten Stadt des Iraks. Im Südirak waren dem Aufruf mehr Menschen gefolgt als in Bagdad. In den ersten fünf Monaten haben sich 90.000 Freiwillige registrieren lassen, die in Kursen von dreißig Tagen an der Waffe sowie im Häuser- und Straßenkampf ausgebildet worden sind. Von ihnen befanden sich im November 15.000 im Einsatz. Die anderen können jederzeit abgerufen werden.

Die schiitischen Milizen spielen im Irak damit wieder eine bedeutende Rolle. Entstanden waren sie während der Herrschaft von Saddam Hussein als Untergrundorganisationen. Nach 2003 füllten sie das Vakuum, das die Auflösung der irakischen Armee geschaffen hatte; sie wurden zu einem Staat im Staat. 2008 wurde die Armee des Mahdi aufgelöst, da ihr Führer Muqtada al-Sadr zu einer Gefahr für Ministerpräsident Maliki geworden war. Die Badr-Brigaden des »Islamischen Hohen Rats im Irak« (Isci) der Gelehrtenfamilie al-Hakim wurde in eine zivile Organisation umgewandelt. Andere Milizen wie die *Asaib Ahl al-Haq* bestanden im halblegalen Raum weiter; ihnen wird vorgeworfen, an der Tötung von Sunniten beteiligt gewesen zu sein. Der Krieg gegen den IS hat alle Bedenken in den Hintergrund geschoben. Denn die Milizen wurden jetzt gebraucht, sie waren rehabilitiert. Die wichtigsten sind die *Saraya al-Salam*, die aus der Armee des Mahdi hervorgegangen sind, sowie die *Asaib Ahl al-Haq* und die Badr-Brigade, die heute Organisation Badr heißt und Abgeordnete und Minister stellt. Ihr Vorsitzender Hadi al-Amiri ist im Herbst 2014 aus dem Kabinett in Bagdad ausgeschieden, um den Kampf seiner Miliz zu organisieren.

Die Saraya al-Salam geben an, sie könnten in Basra auf mehr als 50.000 organisierte Kämpfer zurückgreifen, die jederzeit entsandt werden könnten. Weitere 100.000 Freiwillige könne die Miliz in Basra mobilisieren. In ihrer ersten Operation haben die Saraya al-Salam von Mitte Juli an das schiitische Heiligtum von Samarra geschützt. Zunächst säuberten die Kämpfer in einem Umkreis von 4 Kilometern um die Moschee die Stadt, unter anderem von Granatwerfern; danach weiteten sie die Kontrolle auf einen Umkreis von 12 Kilometern aus. Ein weiterer Erfolg war die Rückeroberung von Jurf al-Sakhar, das zwischen Bagdad und Kerbela liegt. Am 1. November 2014 eroberten mehr als tausend Freiwillige nach Kämpfen, die mehrere Tage dauerten, die strategisch wichtige Stadt, in der der IS mit modernster Technologie eines seiner wichtigsten Kommunikationszentren eingerichtet hatte. Am 7. November 2014 feierten die Milizen schließlich die Rückeroberung der Raffineriestadt Baiji.

Die Milizen koordinieren ihr Vorgehen mit den Ministerien für Verteidigung und Inneres in Bagdad. Theoretisch sind sie Teil der irakischen Armee, praktisch gehen sie am Boden selbstständig vor. Bei einem Angriff wird jeder Miliz ein anderer Frontabschnitt zugeteilt. Dann greifen sie in enger Abstimmung an. Das Blatt gewendet hatte die Fatwa Sistanis.

EIN DREISSIGJÄHRIGER KRIEG DER ARABER

Die Schlachtordnung

Die Parallelen: 1618 und heute

Am 4. Oktober 2013 warnte Abdullah Gül, damals noch türkischer Staatspräsident, vor dem Beginn einer »Dunkelheit über der islamischen Welt«, wie sie »im Mittelalter Europa« erlebt habe. »Regionale Rivalitäten« verhinderten im Nahen Osten Frieden und Wohlfahrt, interessengeleiteter Glaube habe sich mit einer konfessionellen Identitätspolitik vermischt. So sei die Zugehörigkeit zu einer Religionsgemeinschaft der Grund dafür geworden, dass Menschen getötet würden. Gül nannte das düster einen »Clash innerhalb einer Zivilisation« und ein »Katastrophenszenario«. Es gebe zwar kein Land, das »über Nacht« eine pluralistische Demokratie geworden sei. Dennoch müsse es ja nicht zwangsläufig auf dieses Katastrophenszenario hinauslaufen. Güls Istanbuler Rede enthielt die wesentlichen Elemente des Dreißigjährigen Kriegs, der Europa von 1618 bis 1648 verwüstet hatte; er sprach aber vom Nahen Osten der Gegenwart.

Heute findet ein *Clash of Civilisations* statt, aber weniger zwischen den Zivilisationen der Welt als innerhalb einer, der islamischen. Der Krieg dreht sich um die Zukunft des Islams, und nur Muslime können ihn entscheiden. Die westlichen Staaten können lediglich den bedrohten Gesellschaften helfen und dazu beitragen, den Terror einzudämmen, den dieser Krieg erzeugt. Nichts ist gut in dieser arabischen Welt. Sie scheint zur Bühne für Bertold Brechts Theaterstück ›Mutter Courage und ihre

Kinder< geworden zu sein. Dort verliert die Mutter wegen ihrer Kriegsgeschäfte ihre drei Kinder, und der Feldwebel sagt: »Frieden ist nur Schlamperei, erst der Krieg schafft Ordnung.«

Brechts Theaterstück spielt im Dreißigjährigen Krieg, der als religiöser Konflikt zwischen Protestanten und Katholiken begonnen hatte, aber rasch zu einem Kampf rivalisierender Länder und Dynastien wurde. Er endete mit dem Westfälischen Frieden von 1648. Erst dieser Friede schuf eine dauerhafte staatliche Ordnung, in der sich die Religionsgemeinschaften gegenseitig anerkennen. Erst die Verwüstung, die die Religionskriege angerichtet haben, hat die Einsicht erzeugt, Staat und Religion zu trennen, die Säkularisierung als Geisteshaltung und institutionell durchzusetzen, die Europa bis heute prägt – im Gegensatz zu den meisten anderen Kulturkreisen. In der Gegenwart sind Sunniten und Schiiten von ihrem »Westfälischen Frieden« und der Einsicht der Vorteile einer säkularen Ordnung noch weit entfernt. Im Abendland war das Wormser Konkordat aus dem Jahr 1122 ein weiterer wichtiger Schritt, um Staat und Religion zu trennen. Das Konkordat beendete formal den Investiturstreit. Entscheidend war, dass es die Einheit von Kaisertum und Papsttum aufhob; die geistliche Gewalt emanzipierte sich von der weltlichen. In der arabisch-islamischen Welt steht dieser Schritt noch aus; denn die religiösen Institutionen sind meist unfrei und Instrumente des Staats.

Die Levante ist das Schlachtfeld des Dreißigjährigen Kriegs der Araber in der Gegenwart. Viele Elemente, die damals diesen Krieg möglich gemacht haben, finden sich heute im Nahen Osten wieder. Damals war Deutschland das Schlachtfeld für einen europäischen Krieg, jeder Dritte wurde getötet; am Ende, 1648, war Deutschland verwüstet. Krieg, Hunger und Seuchen entvölkerten ganze Landstriche. Einige Regionen benötigten mehr als ein Jahrhundert, um sich davon zu erholen. Heute ist Syrien das Schlachtfeld; jeder Zweite ist bereits vertrieben, die Hälfte des Landes ist zerstört – Infrastruktur, Wohnhäuser, industrielle Anlagen.

Das frühe 17. Jahrhundert war von Glaubensfragen beherrscht, die Verfolgung der »Hexen« als der »anderen« hatte ihren Höhepunkt erreicht, die Gewaltbereitschaft wuchs. Auf seinen blutigen Höhepunkt strebte das Zeitalter der Konfessionalisierung und der Glaubenskämpfe zu, indem nach der Reformation Kirche, Staat und Gesellschaft immer mehr ineinander aufgingen. Alles das wiederholt sich heute auf den Schlachtfeldern des Nahen Ostens. Die Gewaltbereitschaft ist beispiellos, der IS richtet Andersgläubige hin, yezidische Frauen werden als Sexsklavinnen verkauft. Nicht Nationalismus treibt die Iraker an, wenn sie in Syrien auf beiden Seiten des Bürgerkriegs kämpfen, sondern Konfessionalismus: Schiitische Iraker kämpfen mit dem syrischen Staat, sunnitische Iraker mit dem sunnitischen IS und den sunnitischen Rebellen. Grenzüberschreitende Konfessionen sind wichtiger als nationalstaatliche Grenzen.

Ähnlich wie damals ist auch die politische Konstellation. Zunächst war der Dreißigjährige Krieg ein Konflikt um die Hegemonie im Heiligen Römischen Reich Deutscher Nation und in Europa, er wurde aber zu einem Religionskrieg. Die habsburgischen Mächte Österreich und Spanien trugen ihre Konflikte mit Frankreich, den Niederlanden, Dänemark und Schweden aus; überlagert wurde der Konflikt durch den Gegensatz zweier bewaffneter Bündnisse, der Protestantischen Union und der Katholischen Liga. Zu ihnen hatten sich ein Jahrzehnt vor dem Ausbruch des Kriegs protestantische und katholische Städte zusammengeschlossen. In der Gegenwart stehen sich als rivalisierende Regionalmächte Saudi-Arabien, das seine Version des sunnitischen Islams verbreitet, und der schiitische Iran gegenüber.

Ein weiteres Muster kehrt wieder. Damals führten ausländische Mächte auf deutschem Boden einen Stellvertreterkrieg, sie schickten Söldner und Waffen auf das Schlachtfeld, das nicht ihr Land war. In Syrien ist es heute nicht anders. Längst ist der lokale Auslöser in den Hintergrund gerückt; auch die globalen Akteure, die Vereinigten Staaten und Russland, sind nicht der Grund dafür, dass der Konflikt weiter tobt. Entscheidend ist der zerstörerische Kampf zwischen dem wahhabitisch-sunnitischen Saudi-Arabien und dem schiitischen Iran um die regionale Vorherrschaft. Beide schicken Waffen und Söldner nach Syrien. Und so erhält der Krieg immer neuen Nachschub.

Ein wichtiger Unterschied zu damals ist die Existenz des IS. Zu ihm gibt es im Dreißigjährigen Krieg keine Parallele. Er bietet zum einen eine Chance; denn er bedroht Saudi-Arabien und Iran gleichermaßen, so dass sie im Angesicht der Gefahr aufeinander zugehen können. Und er birgt eine große Gefahr; denn sollte es nicht gelingen, ihn bald »zu vernichten«, wie der amerikanische Präsident Obama fordert, würde er auf Jahre hinaus eine Quelle von Hass und Terror sein.

Der Westfälische Friede beendete 1648 den Dreißigjährigen Krieg. Das Reich erhielt einen neuen Status, Fürstentümer wurden bereinigt, die absolutistischen Tendenzen nahmen zu, die während des Kriegs noch wichtige religiöse Dimension verlor an Bedeutung. Ist das eine Blaupause für die islamische Welt? Werden die Sunniten und die Schiiten eine Gleichstellung ihrer Religionen akzeptieren? Wird es zur gegenseitigen Anerkennung von Staaten kommen, auch von neuen? Die Antwort darauf steht aus. Wer hätte zu Beginn des Dreißigjährigen Krieges geahnt, wie viele Jahre noch Tod und Zerstörung den Kontinent heimsuchen werden, bevor es einen Frieden gibt, und wer hätte eine Vorstellung gehabt, wie ein solcher Friede aussehen könnte? Beendet wurde der Krieg erst, als alle Akteure ermattet waren. Auch das könnte sich wiederholen.

Die Fronten: das Gedächtnis der Geschichte

Der Konflikt zwischen Saudi-Arabien und Iran ist ein ethnischer und ein religiöser. Zum einen blicken die semitischen Araber und die indoeuropäischen Perser auf eine Geschichte von Kriegen und Demütigungen zurück, zum anderen stehen sich Saudi-Arabien und Iran als die Schutzmächte des sunnitischen und des schiitischen Islams feindlich gegenüber. Die Konfrontation ist nicht neu, sondern geht weit in die Geschichte zurück.

Erst waren die Bewohner Mesopotamiens im Vorteil. Assyrische Heere aus den prächtigen Städten Nimrud und Niniveh unternahmen vom 12. Jahrhundert v. Chr. an Beutezüge in die rauen Hochebenen Persiens. Von dort brachten sie Kriegsgefangene und Pferde zurück. Im 7. Jahrhundert wendete sich das Kriegsglück. Erst eroberte der Meder Cyaxares im Jahr 613 Nimrud, ein Jahr später legte er das glanzvolle Niniveh in Schutt und Asche. Von nun an waren nicht mehr die Assyrer die gefährlichsten Gegner für die Pharaonen Ägyptens, sondern die Meder in ihrer neuen Hauptstadt Ekbatana. Es kam noch schlimmer für die Araber. Wenige Jahre später verdrängte der persische Stamm der Achämeniden mit seinem Führer Kyros die Meder. Er machte Persien zur Weltmacht, Mesopotamien war nur noch Provinz. Als sich Babylon gegen den Schah Darius, der von 522 bis 486 v. Chr. regierte, erhob, steigerte dieser die Demütigung der semitischen Mesopotamier: Er eroberte Babylon, baute in Persepolis seinen neuen Palast mit Steinen aus der eroberten Stadt und ließ den Herrscher Babylons, Nebukadnezar III., aufspießen. Die Welt war nun persisch. Aus eigener Kraft warf Mesopotamien das persische Joch nicht ab. Das gelang erst dem Makedonier Alexander, der 331 v. Chr. Persepolis in Schutt und Asche legte.

Mesopotamien blieb bis zum Beginn des Siegeszugs des Islams im 7. Jahrhundert eine Randnotiz der Geschichte. Erst mit der Schlacht von Qadisiyah im Jahr 636 besiegten die Semiten wieder einmal eine persische Dynastie, die Sassaniden. Von nun an kreisten die Perser im Orbit großer arabischer Reiche. Sie übernahmen zwar den Islam, blieben gegenüber den Arabern aber Muslime zweiter Klasse. Daher begehrten persische Muslime gegen die arabische Herrschaft der Omayyaden (661 bis 750) auf, was ein Grund für deren Sturz wurde. Die Perser übernahmen die arabische Schrift, bewahrten aber ihre Sprache, die zunehmend an den Höfen der islamischen Welt Einzug hielt. Von

1501 an kapselten sie sich von den überwiegend sunnitischen Arabern ab, indem die Dynastie der Safawiden den schiitischen Islam zur Staatsreligion erhob und Teile des Iraks eroberte. Der ethnische Gegensatz wurde durch einen religiösen ergänzt und verstärkt. Muhammad Asad, der im Jahr 1900 als Leopold Weiss in Lemberg geboren worden war und vom Judentum zum Islam konvertierte, interpretierte die Annahme des schiitischen Islams durch die Perser als Rache an den Arabern. Das habe ihnen die Möglichkeit eröffnet, ihren Hass gegen die Eroberung durch die Araber auszudrücken, schrieb Asad, der lange Berater des saudischen Königs Abd al-Aziz Al Saud (1880 bis 1953) war.

Den sunnitischen und den schiitischen Islam trennen weniger theologische Differenzen, sondern unvereinbare politische Konzepte. So hält der sunnitische Islam jenen für auserwählt, die Gemeinde zu führen, der sich in der Wirklichkeit durchgesetzt hat und die Einheit der Gemeinde sichert; darin äußere sich der Wille Allahs. Die Schiiten hingegen wollen die Führung nur denen anvertrauen, die als Nachkommen Muhammads und dessen Schwiegersohns Ali deren Licht in sich tragen. Die Spaltung geht in die Frühzeit des Islams zurück und ist eine Folge des Kampfs um die Frage, wer befugt ist, die Nachfolge Muhammads zu übernehmen, also Kalif zu sein. Wichtig ist ein weiterer Unterschied. Er äußerte sich in der Schlacht von Kerbela im Jahr 680, am 10. Muharram des muslimischen Jahres 61. Zwei ungleiche Armeen standen sich in Kerbela südlich von Bagdad gegenüber. Die überlegene Streitmacht des sunnitischen Omayyadenkalifen Yazid metzelte die kleine Schar um Hussein, den zweiten Sohn des Ali, erbarmungslos nieder. Keiner von ihnen überlebte, und Husseins Martyrium wurde die Geburtsstunde des schiitischen Islams. Die schiitischen Muslime gedenken in jedem Jahr des Martyriums und klagen sich selbst an, weil erst unterlassene Hilfeleistung den Sieg des Usurpators über die Gerechtigkeit ermöglicht habe. Als Folge kamen in der Gegenwart die meisten arabischen Sozialrevolutionäre und Kommunisten, sofern sie nicht Christen waren, aus dem schiitischen Islam. Die

Sunniten hingegen stellten in der Geschichte die bestehenden Ordnungen selten infrage.

Mit der iranischen Revolution wurde diese Form des Islams für die sunnitisch-arabische Welt zu einer Gefahr. Sie bot erstmals die Chance, die Ungerechtigkeit wettzumachen, die Hussein erlitten hatte. Um also zu verhindern, dass sich die Geschichte des 7. vorchristlichen Jahrhunderts wiederholt, als der Meder Cyaxares Nimrud und Niniveh zerstörte, rüsteten die ebenfalls bedrohten konservativen Golfmonarchien massiv den Irak und dessen sunnitischen Herrscher Saddam Hussein auf. Mesopotamien sollte wieder einmal der Wall gegen Persien sein. Denn es galt, das Eindringen der schiitischen Revolution in die arabische Welt zu verhindern. Im Zentrum von Saddam Husseins Propaganda stand »Qadisiyah«, der arabische Triumph der Araber über die Perser im Jahr 636. Saddam Hussein nannte die Gefahr, die aus Iran drohte, auch den »gelben Sturm«. Er setzte die iranische Bedrohung mit dem Mongolensturm gleich, der 1258 Bagdad zerstört hatte. Das Kalkül ging zunächst auf.

Erst die Invasion im Irak, die 2003 Saddam Hussein stürzte, veränderte die Machtbalance völlig. Das sunnitische Bollwerk, das zum Wohle aller sunnitischen Araber die Ausbreitung der schiitischen Revolution zurückgehalten hatte, war weggebrochen. Der Irak wurde – dank seiner schiitischen Bevölkerungsmehrheit und unter iranischer Anleitung – Baustein des »schiitischen Halbmonds«, der nun von Teheran über Bagdad und Damaskus bis nach Beirut zur Hizbullah reicht. Der Lauf der Geschichte hatte sich damit umgedreht. Saladin, der Sieger über die Kreuzfahrer, hatte vor 800 Jahren auch die Schiiten zurückgedrängt. Seither war die arabische Welt sunnitisch. Seit 1979 waren aber erstmals wieder die Schiiten auf dem Vormarsch. Das lehrte die sunnitischen Staaten, vor allem jene mit einer bedeutenden schiitischen Minderheit wie Saudi-Arabien und Kuwait, Furcht. In Bahrain stellen die Schiiten sogar die Mehrheit, sie haben aber keine Teilhabe an der politischen Ordnung. Sollten nun die Vereinigten Staaten noch eine Übereinkunft mit

Iran über dessen Atomprogramm erzielen und kehrte Iran in die
Staatengemeinschaft zurück, gerieten die arabisch-sunnitischen
Staaten noch weiter unter Druck.

Um diese Dynamik umzudrehen und zur Ordnung zurückzu-
kehren, die seit Saladin gültig war, kam für Saudi-Arabien der
Aufstand in Syrien gegen das Regime von Präsident Assad gerade zur rechten Zeit. Ein Regimewechsel in Bagdad und eine
Entmachtung der Schiiten ist nicht wahrscheinlich. Leichter
schien es den Saudis, die beiden anderen Teile des schiitischen
Halbmonds loszuwerden. Um die Hizbullah zu schwächen – aber
auch die antiwestlich-sunnitische Hamas –, arbeitet Saudi-Arabi-
en seit Jahren inoffiziell mit Israel zusammen. Vor allem aber bot
der Aufstand in Syrien Saudi-Arabien eine ideale Gelegenheit,
den schiitischen Halbmond zu knacken. Die nächste Runde des
Religionskriegs zwischen Arabern und Persern, Sunniten und
Schiiten entscheidet sich damit auf dem Schlachtfeld Syrien.

Das Fehlen einer Ordnungsmacht

Die Regionalmächte: kaum Stabilisatoren

Die arabische Welt ist aus den Fugen geraten. Staaten zerfallen,
nichtstaatliche Akteure wie der IS breiten sich in dem Vakuum
aus, Terror gefährdet die Region und darüber hinaus die Welt.
Die Vokabel »Pulverfass Naher Osten« macht wieder einmal die
Runde. Und es ist keine Macht in Sicht, die ordnend eingreifen
könnte, keine regionale und keine globale. Die Regionalmächte
Saudi-Arabien, Iran und Türkei sind Akteure auf dem Schlachtfeld, sie können mehr verlieren als gewinnen. Saudi-Arabien
und Iran blockieren sich gegenseitig, die Türkei hat sich ver-
rannt, und Ägypten ist wieder einmal mit sich selbst beschäftigt
und kein Akteur.

Saudi-Arabien hat die Rebellen in Syrien mit Geld und Waffen unterstützt; viel ist davon in den Händen der Nusra-Front

und des IS gelandet. Dem Königreich ist es nicht gelungen, in Syrien eine schlagkräftige Allianz aufzubauen, um Assad zu stürzen. Saudi-Arabien will sich als die arabische Führungsmacht präsentieren, zumal die anderen wichtigen Führungsmächte der Vergangenheit – Syrien, der Irak und auch Ägypten – ausfallen. Zu langsam sind jedoch die Reformen im Inneren, um das Königreich an das 21. Jahrhundert heranzuführen, und zu ideenlos ist die Außenpolitik. Sonst wäre es Riad bereits vor dem Beginn der Proteste gegen Assad gelungen, Syrien aus der iranischen Umklammerung zu lösen; sonst wäre es auch gelungen, das Vakuum, das als Folge auf den amerikanischen Einmarsch im Irak entstanden war und vor dem Saudi-Arabien vergeblich gewarnt hatte, in seinem Sinn zu füllen.

Die saudische Führung will sich nun nur dann wirksam am Krieg gegen den IS beteiligen, wenn sie Einfluss auf die künftigen Regierungen in Damaskus und Bagdad bekommt. Denn sie ist von der *idée fixe* besessen, den »schiitischen Halbmond« zu brechen, den es in Wirklichkeit bei diesem Mosaik von Ethnien und Religionsgemeinschaften in der Levante gar nicht gibt. Auf den Punkt gebracht hat die Aversion der saudischen Führung gegen die Schiiten der langjährige saudische Botschafter in Washington und spätere Geheimdienstchef Bandar bin Sultan Al Saud. Dem früheren britischen Geheimdienstchef Richard Dearlove vom MI6 hatte er vor dem 11. September 2001 anvertraut: »Es wird nicht mehr lange dauern im Nahen Osten, und man wird sprichwörtlich sagen: ›Gott stehe den Schiiten bei.‹ Mehr als eine Milliarde Sunniten haben von ihnen einfach genug.« Die Folge war, dass Saudi-Arabien bei Finanztransfers an extremistische Islamisten zu lange die Augen zudrückte; über Jahrzehnte haben saudische Wohltätigkeitsorganisationen in der islamischen Welt Einrichtungen finanziert, die der Nährboden für islamistischen Extremismus waren. Heute arbeitet der IS daran, dass der Wunsch Bandars in Erfüllung geht.

Solange sich Saudi-Arabien von diesem Grundsatz leiten lässt, ist eine Lösung für Syrien nicht möglich, auch nicht für den Irak.

Im Fall von Syrien hatte der Westen lange die saudische Position übernommen, dass ein Rücktritt Assads Voraussetzung für alle folgenden Schritte zu sein habe – mit der Folge, dass Assad weiter im Amt ist, von dieser Strategie – erst Assads Rücktritt, dann Verhandlungen über eine politische Lösung – aber der IS profitiert hat. Und im Irak hat Saudi-Arabien die sunnitischen Stämme, auf die es großen Einfluss hat, nicht davon abgehalten, den Teufelspakt mit dem IS einzugehen, um die schiitische Regierung in Bagdad entscheidend zu schwächen. Riad erhofft sich von seinem Vorgehen in Syrien und im Irak eine politische Dividende, für die aber die Region und auch Saudi-Arabien selbst einen hohen Preis zu zahlen hat. Der Anspruch des IS, das Monopol über den einzig wahren, den reinen Islam zu besitzen, ist lediglich die konsequente Fortsetzung der von Saudi-Arabien propagierten wahhabitischen Lehre des Islams. Das richtet sich jedoch auch gegen die Dynastie Al Saud, die der IS stürzen will. Spät geht Saudi-Arabien nun dagegen vor. Ein bekanntes Muster wiederholt sich dabei: Auch gegen al-Qaida war die saudische Führung nicht wegen des Terrors in der Welt vorgegangen, sondern weil al-Qaida im eigenen Land zur Gefahr geworden war.

Iran ist ebenfalls kein Teil einer Lösung, sondern Teil des Problems. Denn Teheran hält an zwei Fixpunkten seiner Politik fest: in Damaskus an Präsident Assad und in Bagdad an einer schiitisch dominierten Regierung. Denn eine pro-iranische Regierung in Syrien ist Voraussetzung dafür, dass Iran an die libanesische Hizbullah weiter Waffen und Ausrüstungen liefern kann, und in Bagdad will Iran um jeden Preis eine pro-iranische Regierung halten, damit die Landgrenze im Westen auch künftig sicher bleibt. Jahrtausende war der Übergang vom iranischen Hochland in die mesopotamische Tiefebene eine Grenze des Krieges, zuletzt bis 2003 unter Saddam Hussein, und das würde sie wieder, sollte der IS bis an die Grenze vorrücken. Iran hat daher seine Eliteeinheit der Qods-Brigaden in den Irak entsandt; daher bombardieren iranische Kampfflugzeuge, parallel zu amerikanischen, Stellungen des IS im Irak. Iran hat durch das Festhalten an Ministerpräsident Maliki aber selbst zur Konfessionalisierung im Irak beigetragen und zur Konfrontation zwischen den Sunniten und Schiiten. Erst im August 2014 war Teheran bereit, Maliki zugunsten von Haidar al-Abadi als neuen Regierungschef zu opfern. Das könnte ein Präzedenzfall für Damaskus gewesen sein, wenn es darum geht, Assad durch einen anderen pro-iranischen Präsidenten zu ersetzen.

Eine Enttäuschung ist die Türkei. Sie war nach der Parlamentswahl von 2011 mit dem Anspruch angetreten, für die arabische Welt ein Modell für die Demokratisierung zu sein. Seither ist die Türkei aber selbst vom Pfad der Demokratie abgekommen, und in der Region führte ihre Politik der »Null-Probleme« gegenüber den Nachbarn zu einer Politik der »Null-Nachbarn«. Vor Erdoğan war über Jahrzehnte das oberste Prinzip der türkischen Außenpolitik, den Status quo in der Nachbarschaft nicht zu verändern. Dann wollte Erdoğan die Türkei zum Katalysator für Änderungen machen, und er scheiterte. Iran hat stets mehrere Eisen im Feuer und ist am Ende meist ein Sieger; die Türkei setzte aber auf nur ein Pferd und hat überall verloren. In Nordafrika, vor allem in Ägypten, setzte die Türkei auf die Muslimbruderschaft als die vermeintlich stärkste politische Gruppierung; so wie die Muslimbruderschaft von den neuen Machthabern in Kairo und am Golf verfolgt wird, ist aber auch die Türkei irrelevant geworden. In den Golfstaaten schadet der Türkei, dass die dortigen Herrscher die Muslimbrüder, die Verbündeten der Türkei also, zur Terrororganisation erklärt haben. Und in Syrien hat kein anderes Land der Exilopposition so stark unter die Arme gegriffen wie die Türkei, kein anderer Politiker betrieb den Sturz Assads so energisch wie Erdoğan, kein anderer war vom schnellen Sturz Assads überzeugt wie er.

Die Türkei zahlt einen Preis für ihre schlechte Politik. Mehr als 1,8 Millionen Flüchtlinge sind eine gewaltige Last für das Land, auch eine Gefahr für die innere Sicherheit. Die meisten leben in Flüchtlingslagern, viele werden in der Türkei bleiben. Eine weitere Gefahr sind die Jihadisten. Die Türkei wurde die

»Jihadistenautobahn« nach Syrien; auch kämpfen in Syrien Tausende türkische Staatsbürger für den IS. Der herrscht jenseits der 820 Kilometer langen Landgrenze mit Syrien. Ankara hat die Grenzposten, die der IS kontrolliert, stets offen gehalten, hat aber jene zu den drei kurdischen Kantonen geschlossen. Ankara dokumentierte damit indirekt seine Unterstützung für den IS, der ja drei Feinde der Türkei bekämpft: das Regime in Damaskus, die schiitische Regierung in Bagdad und die Kurden. So sind in Syrien die Positionen Ankaras und der Kurden unvereinbar: Ankara will vor allem Assads Sturz, für die PKK und die syrischen Kurden hat der aber keine Priorität; um Assad zu stürzen, unterstützt Ankara extremistische Sunniten, die wiederum gefährden die junge kurdische Selbstverwaltung in Syrien. Auch die Türkei ist nicht an einem Erfolg der kurdischen Selbstverwaltung interessiert. Denn sie fordert für den Norden Syriens eine Puffer- und Flugverbotszone. Sie wäre kein Schlag gegen den IS, der keine Flugzeuge hat, würde aber die Autonomie der syrischen Kurden beenden. Mit dieser Politik gefährdet die Türkei im eigenen Land den Friedensprozess mit den Kurden, und sie beschwört die Gefahr herauf, dass der Bürgerkrieg zwischen Türken und Kurden zurückkehrt. Die Türkei ist zum Gefangenen ihrer Politik geworden und leistet keinen konstruktiven Beitrag, den Krieg in ihrer Nachbarschaft beizulegen.

Der Westen: kaum Einfluss

Ein Abseitsstehen ist in Anbetracht dieser Konflikte und Kriege für die Staatengemeinschaft keine Option. Zu groß sind die Gefahren der neuen Staatenlosigkeit. Viele Möglichkeiten bieten sich den Vereinigten Staaten, Russland und Europa aber nicht. Denn eine Lektion der Vergangenheit ist, dass ausländische Interventionen im Nahen Osten keine funktionierenden Staaten hervorbringen und auch keine Lösungen sind für die grundlegenden Fragen der Region, beispielsweise bei der Suche nach einer stabilen Identität, die stabile Ordnungen hervorbringt. Der Anstoß muss von innen kommen, und der ist offenbar mit viel Anarchie verbunden. Diese Anarchie erzeugt Risiken, die nicht nur den Nahen Osten betreffen.

Eine erste Gefahr ist, dass bei einem Staatszerfall Waffen frei zirkulieren. So sind Waffen aus libyschen Beständen bei Jihadisten in Mali und anderswo in Afrika gelandet, in Syrien und im Irak. Umschlagplatz für Waffen aus Libyen ist Brüssel; die Attentäter vom 7. Januar 2015 in Paris sollen ihre Waffen dort erworben haben. Selbst nach einer Beendigung der Kriege sind diese Waffen nicht unter Kontrolle zu bekommen, sie bedrohen jeden Staat. Schmuggler können sich frei bewegen, und für kriminelle Vereinigungen gibt es keine Hürden mehr, wenn die Grenzen gefallen sind. So entsteht die Welt der jihadistischen Internationalen: Waffen zirkulieren, Jihadisten werden angeworben und in die Schlacht geschickt.

Dass in Syrien und im Irak weit mehr internationale Jihadisten als während des ganzen Afghanistan-Konflikts am Hindukusch kämpfen, ist eine zweite Gefahr. Syrien aber ist nicht in weiter Ferne, sondern liegt vor den Toren Europas. Analysen des Verhaltens der Jihadisten zeigen, dass mindestens jeder zehnte ausländische Jihadist in seine Heimat zurückkehrt und dort oder an einem neuen Kriegsschauplatz einen Terroranschlag verübt oder es zumindest versucht. Bei konservativ geschätzten 3000 Jihadisten aus Westeuropa bedeutet das, dass mehr als 300 von ihnen eine konkrete Gefahr für die Sicherheit ihrer Länder werden. Aus Syrien und dem Irak zurückkehrende Jihadisten sind zudem wegen ihrer Kampferfahrung gefährlicher als einheimische Extremisten, die nicht ausgereist sind. Syrien wird für die Sicherheit Europas eine größere Gefahr sein, als es Afghanistan war. So hat der Sprecher des IS, Abu Muhammad al-Adnani, im September 2014 dazu aufgerufen, als Rache für den Krieg Zivilisten aus den Ländern der Koalition zu töten, »gleichgültig wie«. Gefahr geht auch von Einzeltätern aus, die nicht im Visier der Sicherheitsbehörden sind.

Die Staaten Europas stehen im Krieg gegen den IS zwar nicht abseits, sie übernehmen jedoch auch keine führende Rolle, sondern schließen sich der amerikanischen Führung an. Die wirtschaftlich geschwächten früheren Kolonialmächte Großbritannien und Frankreich haben weder Einfluss noch Ressourcen, um nachhaltig einzugreifen. Deutschland wiederum gefällt sich lieber als Fußballweltmeister, statt seiner Verantwortung als Europas Führungsmacht gerecht zu werden, auch wenn das Engagement zugenommen hat. Damit bleiben die Vereinigten Staaten und Russland als wichtigste Akteure. Auch sie sind keine kraftvollen Akteure, denen eine Neuordnung gelingen könnte.

Das Russland von Präsident Wladimir Putin will zu dem Staatensystem zurück, das sich nach dem Westfälischen Frieden von 1648 entwickelt hat; die Staaten dieses Systems waren nach innen und außen souveräne Nationalstaaten, die mit ihrer Bevölkerung, von der Staatengemeinschaft ungestraft, tun und lassen konnten, was sie wollten. Das ist der Preis für die westliche Intervention in Libyen auf der Grundlage einer Resolution des UN-Sicherheitsrats, bei der sich Moskau hintergangen fühlte. Dahingestellt sei, ob der Westen tatsächlich Moskau hintergehen wollte, wie es der Kreml suggeriert. Für Russland hat es sich jedoch in Syrien ausgezahlt, ganz auf Assad gesetzt zu haben. Anders als Washington und Brüssel war Moskau von Anfang an überzeugt, dass Assad – ohne eine Intervention von außen – politisch überleben werde. Dazu lieferte Moskau Waffen und Ersatzteile an die syrische Armee, im UN-Sicherheitsrat verhinderte es alle Resolutionen gegen Syrien, und es setzte sich als Initiator der Genfer Syrienkonferenz in Szene. Zudem beanspruchte die russisch-orthodoxe Kirche die Rolle der Beschützerin der Christen im Orient.

Der Kreml verfolgte zwei Motive. Zum einen war Syrien für Präsident Putin die wichtigste Bühne, um die globale amerikanische Dominanz herauszufordern. Was in Libyen geschah, ein vom Westen geförderter Regimewechsel, sollte sich in Syrien nicht wiederholen; ohne russische Rückendeckung wäre es möglicherweise geschehen. Russland gelang es hingegen, durch kluge Schritte, etwa die Zerstörung der Chemiewaffen, einen amerikanischen Militärschlag gegen Syrien abzuwenden. Überzeugt ist Russland davon, dass die amerikanische Passivität gegenüber Syrien auch ein Zeichen von Machtmüdigkeit ist. Zum anderen will Moskau einen Sieg der Jihadisten verhindern. Je länger der Krieg in Syrien dauert, desto mehr Jihadisten zieht er auch aus der Russischen Föderation an. So wie auch die sowjetische Invasion in Afghanistan vom 25. Dezember 1979 arabische Islamisten mobilisiert hatte, um als Mujahidin »islamisches Land« von ungläubigen Besatzern zu befreien. Mit diesen in Afghanistan kämpfenden Arabern gründete Bin Laden 1988 al-Qaida.

Im Nahen Osten tragen Russland und die Vereinigten Staaten eine Auseinandersetzung über die Ordnung der Welt aus. Die Vereinigten Staaten haben dabei in den ersten Jahren der Präsidentschaft Obamas versucht, sich von dem Unilateralismus zu lösen, den Präsident George W. Bush praktiziert hatte: Sie wollten kein Geld mehr für militärische Interventionen ausgeben, Obamacare war wichtiger als nutzlose Kriege. Hinzu kam, dass der Einfluss Washingtons auf seine arabischen Verbündeten abnahm. Saudi-Arabien misstraut Washington, weil es einen amerikanischen Deal mit Iran auf dem Rücken der Golfstaaten befürchtet; ferner fürchtet es, dass Amerika durch das Fracking sein Interesse an der Arabischen Halbinsel verliert; und es ist irritiert, dass Washington in Ägypten die Muslimbruderschaft unterstützt hatte. Nicht zuletzt als Protest gegen die Vereinigten Staaten hat Saudi-Arabien im Herbst 2013 die Wahl zu einem nichtständigen Mitglied im UN-Sicherheitsrat abgelehnt. Der Affront war auch Kritik am Sicherheitsrat, der wegen der Blockade Russlands und Chinas – bis auf die Zerstörung der Chemiewaffen – keine Resolution zu Syrien verabschieden konnte und den Saudi-Arabien zunehmend als nutzlos empfindet.

Russland betreibt eine rein interessengeleitete Außenpolitik, und eine von Werten geleitete Außenpolitik der Vereinigten Staaten scheitert an den Realitäten des Nahen Ostens. So hatte

Washington zunächst den Putsch in Ägypten vom 3. Juli 2013 verurteilt, schwenkte aber um, als der neue Präsident Sisi drohte, er werde sich dann eben Russland annähern. Auch die amerikatreuen Golfstaaten haben 2013 ihre Beziehungen zu Russland verbessert. Washington hat aber kein Interesse daran, dass sich auch noch Ägypten unter die bereits gescheiterten Staaten einreiht. Gerade Ägypten zeigt das Dilemma des Westens. Denn dysfunktionale Regime wie das ägyptische erfüllen weder bei den westlichen Interessen die Erwartungen, da sie mit Friedhofsruhe eine nur scheinbare Sicherheit schaffen, noch bei den Werten, da sie gegen die Menschenrechte verstoßen. Und doch schreckt der Westen aus Angst vor weiteren Turbulenzen davor zurück, einer Neuziehung der Grenzen und dem Entstehen neuer Staaten zuzustimmen. Nicht einmal ein Kurdenstaat findet Zustimmung, obwohl er faktisch bereits existiert. Weshalb soll es aber nicht drei Iraks geben, wenn der eine Irak nicht funktioniert hat? Weshalb soll es nicht drei oder mehr Libyen geben, wenn das eine Libyen nicht zusammengehalten werden kann?

ENDSTATION »ISLAMISCHER STAAT«?

Der »Islamische Staat« ist keine neue Erscheinung. Unter verschiedenen Namen existiert er bereits seit 1999. Danach haben die Invasion im Irak 2003 und seit 2011 der Bürgerkrieg in Syrien ein Umfeld geschaffen, in dem er sich ausbreiten konnte. Aber erst seit der Eroberung weiter Teile Syriens und des Iraks im Jahr 2014 blickt die Welt mit so viel Schrecken auf diese Mischung aus Barbarei und Utopie, aus Terrormiliz und den Grundzügen eines totalitären Staats. Der IS ist nicht neu, und er ist auch nicht die erste Manifestation des islamistischen Terrors.

Drei Vorläufer führen auf ihn zu. Der Bogen reicht von Juhaiman al-Utaibi, dem Besetzer der Großen Moschee von Mekka im Jahr 1979, über Bin Laden, der 1988 in Afghanistan al-Qaida gründete, bis zu Abu Musab al-Zarqawi, der 1999, also wieder ein Jahrzehnt später, die Grundlagen für den IS legte. Jeder Name steht für den Beginn einer neuen Terrorwelle, und bei jedem hat sich das Grauen erst Jahre später entfaltet. Der Bogen von Utaibi über Bin Laden zu Zarqawi verläuft nicht flach, er beschreibt eine Eskalation des Terrors. Jede Terrorgruppe wurde bekämpft, und jedes Mal glaubte man, sie sei zerstört, nur um erkennen zu müssen, dass der jeweilige Nachfolger eine noch größere Gefahr werden sollte. Jede Etappe hat die nächste vorbereitet, in der sich das Ausmaß des Terrors weiter steigerte.

Frieden kann es im Nahen Osten nicht geben, solange der IS alle abschlachtet, die sich ihm, seiner totalitären Ideologie und totalitären Herrschaft nicht unterwerfen. Einen Frieden muss es aber nicht zwingend geben, sollte es gelingen, den IS zu vernichten, wie es der amerikanische Präsident Obama als Ziel vorgegeben hat. Eine Vernichtung lediglich der Institutionen und

Waffen des IS ließe seine Ideologie unversehrt. Es wäre nur eine Frage der Zeit, und ein Nachfolger würde den Bogen der Terroreskalation weiterspannen und die Welt noch mehr bedrohen, als es der IS mit dem falschen Kalifen Abu Bakr al-Baghdadi tut.

Den Boden bereitet hat diesem Bogen des Terrors im 20. Jahrhundert erst die Auseinandersetzung des politischen Islams mit den Kolonialmächten und dann, nach der Unabhängigkeit, die Auseinandersetzung mit den neuen Eliten der jungen arabischen Staaten. Auslöser war die Frage nach der Modernisierung der Gesellschaften. Die Araber hatten seit der Expedition Napoleons 1798 nach Ägypten erkennen müssen, wie weit sie gegenüber dem christlichen Abendland zurückgefallen sind. Die einen favorisierten eine Modernisierung, bei der die Errungenschaften des Abendlandes übernommen werden sollten; erst betrieben die Kolonialmächte diese Politik, später die neuen Eliten, die sich überwiegend aus den Sicherheitsapparaten rekrutierten. Dieser Ansatz hatte zur Folge, dass nach und nach das westliche System einsickerte; die Übernahme ließ sich nicht auf ausgewählte Aspekte beschränken.

Dagegen wehrten sich traditionelle, zunehmend politisierte Muslime. Sie forderten, die Modernisierung durch eine Erneuerung der arabisch-islamischen Zivilisation einzuleiten, also aus sich selbst heraus. Zunächst war diese Bewegung, etwa verbunden mit dem Namen des Reformtheologen Muhammad Abduh (1849–1905), friedlich. In diesem Sinne formulierte die 1928 gegründete Muslimbruderschaft ihren Slogan »Der Islam ist die Lösung«. Nach dem Zweiten Weltkrieg spitzte sich die Auseinandersetzung zwischen den beiden Lagern zu. Eine Spirale der Gewalt setzte sich in Gang, Islamisten wie der Ägypter Sayyid Qutb (1906–1966) radikalisierten sich in den Gefängnissen. Sayyid Qutb, der am Galgen starb, lehnte westliche Konzepte wie Demokratie und Liberalismus, Kapitalismus und Sozialismus grundsätzlich ab. Er bezichtigte jene, die an Ideen glaubten, die ihren Ursprung nicht im Islam hatten, vom Glauben abgefallen zu sein und rief dazu auf, sie zu bekämpfen. Auch er empfahl als Vorbild die Generationen der ersten Muslime, die »frommen Altvorderen« (*al-salaf al-salih*), die es nachzuahmen gelte, forderte aber, diesen Zustand mit den Mitteln der Gewalt herzustellen. Qutb ist damit der Wegbereiter des jihadistischen Salafismus.

Das Jahr 1979 war ein Meilenstein für jene, die eine am Westen orientierte Modernisierung ablehnen. Im Februar kehrte Ajatollah Khomeini nach Teheran zurück, die Islamische Republik löste die prowestliche Dynastie der Pahlawi ab; im November besetzte eine fundamentalistische Gruppe um Juhaiman al-Utaibi die Große Moschee von Mekka, worauf das bedrohte saudische Königshaus eine umfassende Islamisierung der Gesellschaft einleitete und den Export des wahhabitischen Islams verstärkte; im Dezember marschierte die Rote Armee in Afghanistan ein, das fortan Zentrum des Jihads wurde. Zwei Jahre später, im Oktober 1981, ermordete in Kairo der »Ägyptische Islamische Jihad«, der auf Sayyid Qutb zurückgeht, Präsident Anwar al-Sadat, der 1952 zu den Freien Offizieren gehört hatte, die die Monarchie stürzten.

Am 20. November 1979, dem ersten Tag des neuen islamischen Jahres 1400, stürmten mehr als 400 Anhänger des militanten religiösen Aktivisten Juhaiman al-Utaibi die Große Moschee von Mekka. Die saudischen Sicherheitskräfte benötigten mehr als zwei Wochen und die Hilfe französischer Sondereinheiten, um den Aufstand niederzuschlagen. Utaibi, der mit seinen Anhängern in Medina ein spartanisch einfaches Leben führte, war zur Überzeugung gelangt, dass die Dynastie der Al Saud die religiösen Prinzipien verraten habe, auf denen der saudische Staat seit seiner ersten Gründung im 18. Jahrhundert basiert hatte. Er wollte nach 1973 als Folge der reichlich fließenden Petrodollars einen beschleunigten Verfall des Islams beobachtet haben.

Utaibi lehnte die Verwestlichung und »Neuerungen« wie das Fernsehen, Kinos und die Präsenz der Frauen in der Öffentlichkeit als unislamisch ab, auch den luxuriösen Lebensstil der Al Saud. Er nannte seine Gruppe *Ikhwan*; so hieß jene religiösfanatische Miliz, mit der Abd al-Aziz Al Saud zu Beginn des

20. Jahrhunderts die Arabische Halbinsel erobert hatte. In der Großen Moschee von Mekka rief Utaibi seinen Schwager Muhammad bin Abdullah Al Qahtani aus dem Stamm Muhammads zum Mahdi aus, zum Messias. Weite Teile der saudischen Gesellschaft sympathisierten mit Utaibi. König Khalid ging als Folge nicht gegen die puritanisch-wahhabitischen Extremisten vor, sondern reagierte auf den religiös motivierten Aufstand mit mehr Religion: Die Gesellschaft wurde stärker als je zuvor islamisiert, und der Export des zuvor nur in Saudi-Arabien praktizierten wahhabitischen Islams setzte ein.

Darauf baute ein Jahrzehnt später der saudische Bürger Osama Bin Laden auf, der in Afghanistan die Rekrutierung arabischer Islamisten für den Jihad gegen die Rote Armee koordinierte. Als sich die gedemütigte Rote Armee 1988 aus dem Land zurückzog, änderte Bin Laden seine Strategie. Was bei Juhaiman noch ein Protest gegen den »Verfall des Islams« in Saudi-Arabien war, wurde bei Bin Laden ein Kampf gegen die Verschwörung des Westens, der sich die saudische Monarchie und damit die heiligen Stätten des Islams untertan gemacht, der sogar seine Soldaten auf dem »heiligen Boden« stationiert habe. Zielscheibe waren nicht mehr die saudischen Prinzen, sondern jene, die Bin Laden die »Kreuzzügler und Zionisten« nannte. Gegen sie sollten sich die Terroranschläge richten. Juhaiman hatte in der Großen Moschee die Ankunft des Messias verkündet, Bin Laden bejahte durch seinen Treueeid an den Führer der Taliban nun die Errichtung eines diesseitigen islamischen Emirats. Aus dem religiösen Projekt wurde endgültig ein politisches.

Abu Bakr al-Baghdadi ging einen Schritt weiter als Bin Laden. Letzterer hatte den »Kreuzzüglern und Zionisten« den Krieg erklärt, weil sie korrupte Regime wie das saudische am Leben hielten. Baghdadi führt indessen Krieg gegen alle »Feinde Allahs«, denen er vorwirft, einen Krieg gegen den Islam angezettelt zu haben; Auslöser war nicht mehr die amerikanische Präsenz in Saudi-Arabien, sondern die »Besetzung« von Syrien und des Iraks durch Kräfte, die in seinen Augen keine Muslime sind. Bin

Laden hatte dem Westen eine Verschwörung unterstellt, Baghdadi unterstellt der Welt die Absicht, die islamische Welt durch einen Krieg zu zerstören. Bin Laden hatte sich damit begnügt, ein islamisches Emirat der Taliban zu billigen, Baghdadi beansprucht nun die Führung eines totalitären »Islamischen Staats«, und als »Kalif« fordert er die Loyalität aller Muslime.

Es gehört nicht viel Fantasie dazu, sich vorzustellen, dass ein Nachfolger des IS in einer weiteren Steigerung versuchen könnte, seine Herrschaft über die Levante hinaus auszudehnen und dem Rest der Welt den Krieg zu erklären. Er könnte den Globus in eine *Dar al-Islam*, eine Welt des Islams, und eine *Dar al-Harb*, eine Welt des Kriegs, einteilen, und er könnte behaupten, es finde ein Feldzug gegen die Muslime statt. Die Gewalt Utaibis war auf Mekka beschränkt, der Terror in Bin Ladens Namen zielte auf einzelne Orte, der Terror Baghdadis reißt bereits eine ganze Region in den Abgrund. Eine Steigerung und die Eskalationsstufe vier wären ein weltweiter Krieg der Religionen. Auf die würde die Welt zusteuern, sollte es nicht gelingen, den IS militärisch und ideologisch auszulöschen.

Einen Vorgeschmack auf das, was zu folgen droht, war der Terroranschlag auf das Satiremagazin ›Charlie Hebdo‹ am 7. Januar 2015. Abu Muhammad al-Adnani, der Sprecher des IS, hatte am 22. September 2014 zur Tötung von Bürgern der Staaten aufgerufen, die sich an der Koalition gegen den IS beteiligen, »gleichgültig wie – ob mit einem Messer geschlachtet oder von einem Auto überfahren«. An erster Stelle nannte er die »gehässigen und dreckigen Franzosen«. So geschah es am 7. Januar 2015 in Paris. Bei dem Terroranschlag wurden zwölf Menschen getötet, darunter fünf Karikaturisten des Magazins. Zu dem Anschlag der aus Algerien stammenden Brüder Said und Cherif Kouachi bekannte sich »al-Qaida auf der Arabischen Halbinsel«. Einer der beiden war im Jemen für den Anschlag ausgebildet worden.

Die beiden kooperierten mit dem IS. Denn am 9. Januar stürmte Amedy Coulibaly, der sich zum IS bekannte und mit den Brüdern Kouachi befreundet war, einen jüdischen Supermarkt in Paris, wo er freien Abzug für die Brüder Kouachi forderte und vier Menschen tötete. Bereits am Vortag hatte er eine Polizistin getötet. Die drei Attentäter waren der französischen Polizei als Mitglieder der Pariser Jihadistenszene bekannt. Coulibaly sagte, sein Terror sei eine Vergeltung für die französische Intervention in Mali und den Kampf gegen den IS. Coulibalys Frau Boumedienne Hayat hatte sich am 2. Januar nach Istanbul abgesetzt, wo sie im selben Hotel wohnte wie die tschetschenische Attentäterin, die am 6. Januar ein Selbstmordattentat gegen eine Polizeistation in der Istanbuler Altstadt verübte. Boumedienne Hayat reiste in Begleitung von Mehdi Belhoucine, dessen Bruder wegen der Rekrutierung von Jihadisten für den Irak in Frankreich zu einer Haftstrafe verurteilt worden war. Mutmaßlich ist Boumedienne Hayat nach Syrien weitergereist. Ein Prediger des IS kündigte nach dem Pariser Anschlag an, dieser sei der Beginn einer Terrorkampagne in Europa und den Vereinigten Staaten.

Entscheidend wird sein zu verhindern, dass es zu der Eskalationsstufe vier kommt, dass eine Deeskalation eingeleitet wird. Der Westen kann den gemäßigten Muslimen in diesem Krieg nur flankierend zur Seite stehen. Die Muslime müssen in dem *Clash of Civilisations*, der durch ihre Mitte geht, untereinander klären, wie sie es mit dem Islam in der Zukunft halten wollen. Bei allem Pessimismus besteht durchaus Anlass zu Hoffnung. Religionen ändern sich nicht über die Einsicht ihrer Theologen, sondern durch den Druck von außen. In Europa hatte sich die katholische Kirche der Säkularisierung erst gebeugt, als die Gesellschaften es so wollten, und nach dem Dreißigjährigen Krieg taugten die Konfessionen nicht länger als Hebel, um für einen Krieg zu mobilisieren. Beide Entwicklungen haben auch in der arabisch-islamischen Welt eingesetzt. Doch der »Dreißigjährige Krieg der Araber« steht erst an seinem Beginn, und niemand weiß, wann und wie er endet. Der IS wird keine Endstation sein. Entscheidend ist, was auf ihn folgen wird.

ANMERKUNG ZUR UMSCHRIFT
ARABISCHER NAMEN

Die Umschrift der arabischen Namen folgt der international üblichen Schreibweise. Um die Suche über elektronische Suchmaschinen zu erleichtern, hat sich der Verfasser nicht für eine Schreibweise entschieden, die die deutsche Aussprache wiedergibt, sondern für jene, die sich als Folge der englischsprachigen Dominanz weltweit durchgesetzt hat. Bei Namen, die eine Angabe zur Vorfahrenschaft enthalten, wird in der Regel nach dem persönlichen Namen für die Kennzeichnung der Abstammung *ibn* (der Sohn von) verwendet, es sei denn, bei der Schreibweise eines Namens hat sich international *bin* oder *Bin* durchgesetzt.

Der arabische Nachrichtensender aus Qatar beispielsweise heißt also al-Jazeera und nicht al-Dschasira.

Das arabische Alphabet hat 26 Konsonanten und damit mehr als das lateinische. Einige sind für mitteleuropäische Zungen nicht immer leicht auszusprechen. Die folgende Aufstellung soll eine kleine Hilfe sein, um arabische Namen möglichst korrekt wiederzugeben.

dh (wie in Dhimmi oder Adhamiya): ein emphatisch ausgesprochenes »d«, welches das Deutsche nicht kennt, oder aber ein stimmhaftes »th« wie im englischen »the«

ee (wie in Jazeera oder Tahseen): ein langes »i« wie in »vier« und »Tier«

gh (wie in Baghdadi oder Ghouta): ein Zäpfchen-»r« wie in »Rand« und »Rind«

h (wie in Saleh oder Sabah): ein »h« als stimmloser Reibelaut, wie ihn das Deutsche nicht kennt, etwa als ein weiches »ch«. Seltener ein »h« wie im Deutschen. Ein »h« am Ende kann, wie bei Taimiyah und Qadisiyah, ein Auslaut femininer Nomina sein, der nicht ausgesprochen wird.

j (wie in Jihad und Jund): ein stimmhaftes »dsch« wie im italienischen »giorno« und im englischen »journey«

kh (wie in Khalifa und Khalid): ein stimmloses »ch« wie in »Bach« und »Buch«

q (wie in Qaida und Zarqawi): ein in der Kehle gesprochenes »k«, welches das Deutsche nicht kennt

sh (wie in Sham oder Shaab): der stimmlose Zischlaut »sch« wie in »Schande« und »Schund«

y (wie in Yeziden oder Omayyaden): das deutsche »j« wie in »Jahr« und »Jacht«

z (wie in Zarqawi oder Abd al-Aziz): das stimmhafte »s« wie in »Sand« und »sind«

LITERATUR

Ababakar, Muhammad Saad, u.a. Open Letter to Al-Baghdadi. Offener Brief von 126 islamischen Religionsgelehrten an Abu Bakr al-Baghdadi vom 19. September 2014. http://www.lettertobaghdadi.com/

Brisard, Jean-Charles. Zarkaoui. Le nouveau visage d'Al-Qaida. Paris (Fayard) 2004.

Cockburn, Patrick. The Jihadis Return. ISIS and the New Sunni Uprising. New York und London (OR Books) 2014.

Cordesman, Anthony H. Strategic Partnership in the Middle East: Respecting Our Arab Allies, Realism About Ourselves. In: Center for Strategic and International Studies (CSIS). 9. Oktober 2014. http://csis.org/files/publication/141008_Respecting_Arab_Allies.pdf

Cordesman, Anthony H. The Islamic State War: No Clear U.S. Strategy. 10. November 2014. http://csis.org/files/publication/141110_Islamic_State_War_No_Clear_US_Strategy_1.pdf

Harrison, Ross. Towards a Regional Strategy Contra ISIS. In: Parameters, Vol. 44, No. 3, Autumn 2014, S. 37–46.

Hermann, Rainer. Krisenregion Nahost. Schriftenreihe der Vontobel-Stiftung. Zürich 2010.

Hersh, Seymour. Whose Sarin? In: London Review of Books, Vol. 35, No. 24, S. 9–12. 19. Dezember 2013. http://www.lrb.co.uk/v35/n24/seymour-m-hersh/whose-sarin

Hersh, Seymour. The Red Line and the Rat Line. On Obama, Erdoğan and the Syrian Rebels. In: London Review of Books, Vol 36, No. 8, S. 21–24. 17. April 2014. http://www.lrb.co.uk/v36/n08/seymour-m-hersh/the-red-line-and-the-rat-line

Kraitt, Tyma. Von Anbar bis Ninawa: Auf dem Weg zum Islamischen Staat. In: Inamo 79, Herbst 2014, S. 79–80.

Lister, Charles. Profiling the Islamic State. Brookings Doha Center Analysis Paper, No. 13, November 2014. http://www.brookings.edu/~/media/Research/Files/Reports/2014/11/profiling%20islamic%20state%20lister/en web lister.pdf

al-Maqdisi, Abu Muhammad. Bayan hal »al-daula al-islamiya fi al-Iraq wa al-Sham« wa al-mauqif al-wajib tujahuha (Erklärung zum »Islamischen Staat im Irak und in Großsyrien« und der notwenige Standpunkt gegenüber diesem). 15. Mai 2014. http://tawhed.ws

al-Maqdisi, Abu Muhammad. Hadha ba'dh ma indi wa laisa kulluhu (Dies ist ein Teil dessen, was ich zu sagen habe, aber nicht alles). 1. Juli 2014. http://tawhed.ws/r?i=01071401

Neumann, Peter. #Greenbirds: Measuring Importance and Influence in Syrian Foreign Fighter Networks. The International Centre for the Study of Radicalisation and Political Violence (ICSR). London 2014. http://icsr.info/wp-content/uploads/2014/04/ICSR-Report-Greenbirds-Measuring-Importance-and-Infleunce-in-Syrian-Foreign-Fighter-Networks.pdf

Perthes, Volker. Der Aufstand. Die arabische Revolution und ihre Folgen. München (Pantheon) 2011.

Said, Behnam T. IS-Miliz, al-Qaida und die deutschen Brigaden. München (C.H. Beck) 2014.

Steinberg, Guido. Der Islamische Staat im Irak und Syrien (ISIS). Bundeszentrale für politische Bildung. 28. Juni 2014. http://www.bpb.de/politik/extremismus/islamismus/190499/der-islamische-staat-und-syrien-isis

Terrill, W. Andrew. Understanding Strength and Vulnerabilities of ISIS. In: Parameters, Vol. 44, No. 3, Autumn 2014, S. 13–23.

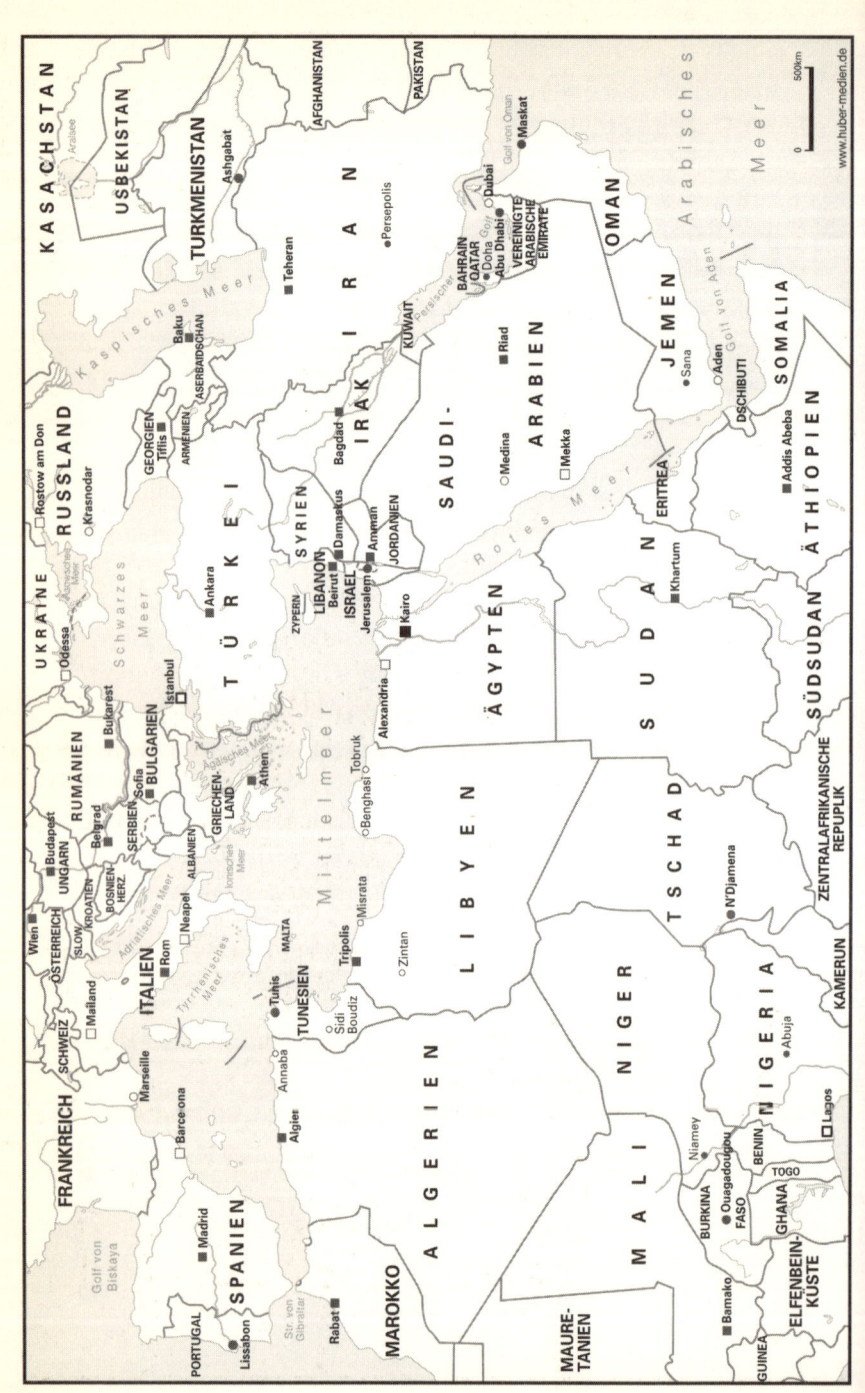

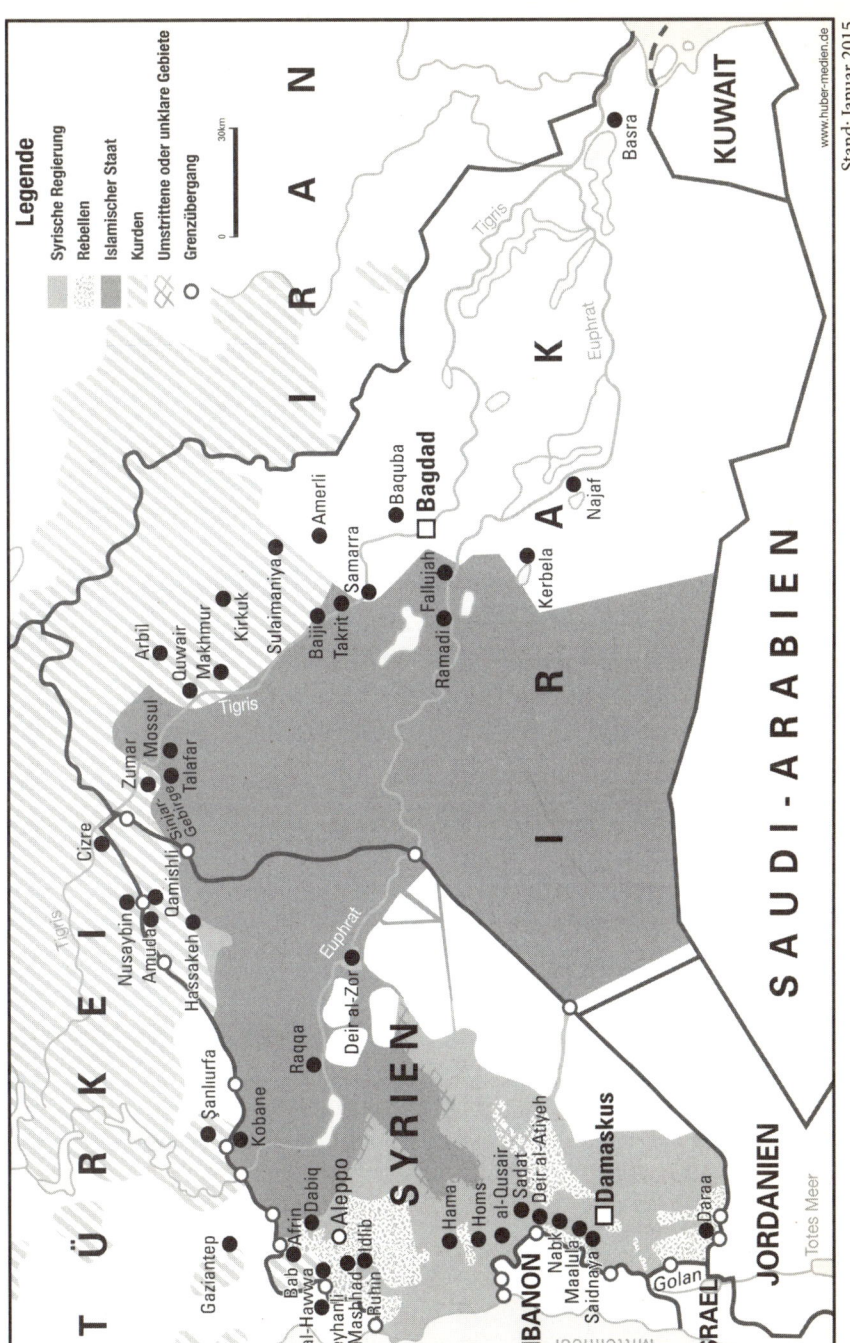

Legende

- Syrische Regierung
- Rebellen
- Islamischer Staat
- Kurden
- Umstrittene oder unklare Gebiete
- ○ Grenzübergang

0 ___ 30 km

Stand: Januar 2015

www.huber-medien.de

KUWAIT

I R A N

Basra

Najaf • Kerbela •

Baquba •
□ **Bagdad**

Amerli •
Samarra •

Falluja •
Baiji •
Takrit •
Ramadi •

I R A K

Sulaimaniya •
Kirkuk •
Makhmur •
Quwair •
Arbil •

Tigris

Mossul •
Zumar •
Talafar •
Gebirge Sinjar

S A U D I - A R A B I E N

Cizre ○

Nusaybin •
Amuda •
Qamishli ○
Hassakeh •

T Ü R K E I

Tigris

Şanlıurfa •

Euphrat

Raqqa •

Deir al-Zor •

Gaziantep •

Kobane •
Afrin •
Bab •
al-Hawwa ○
Reyhanlı ○
Mashhad ○
Ruhin ○
Aleppo ○
Idlib •

Dabiq •

S Y R I E N

Hama •
Homs •
al-Qusair •
Sadat •
Deir al-Atiyeh •

Nabk ○
Maalula ○
Saidnaya ○

□ **Damaskus**

Golan

Daraa •

LIBANON

ISRAEL

Mittelmeer

Totes Meer

JORDANIEN

Euphrat

REGISTER